巴菲特投资之道

/ 股东研讨会 /

[美]
沃伦·巴菲特
& 查理·芒格
_著_

[美]
劳伦斯·A. 坎宁安
_编_

路本福
_译_

图书在版编目（CIP）数据

巴菲特投资之道/(美) 沃伦·巴菲特，(美) 查理·芒格著；(美) 劳伦斯·A. 坎宁安编；路本福译. --北京：北京联合出版公司，2022.8
ISBN 978-7-5596-6260-6

Ⅰ. ①巴… Ⅱ. ①沃… ②查… ③劳… ④路… Ⅲ. ①巴菲特(Buffett, Warren 1930-)—投资—经验 Ⅳ. ①F837.124.8

中国版本图书馆CIP数据核字（2022）第123122号

北京市版权局著作权合同登记 图字：01-2022-2605号

Originally published in the UK by Harriman House Ltd in 2016,
www.harriman-house.com
Simplified Chinese language edition published in agreement with
Harriman House Ltd., through The Artemis Agency.

巴菲特投资之道

作　　者：[美] 沃伦·巴菲特　查理·芒格
编　　者：[美] 劳伦斯·A. 坎宁安
译　　者：路本福
出 品 人：赵红仕
责任编辑：李艳芬

北京联合出版公司出版
（北京市西城区德外大街83号楼9层　100088）
三河市冀华印务有限公司印刷　新华书店经销
字数110千字　880毫米×1230毫米　1/32　印张6
2022年8月第1版　2022年8月第1次印刷
ISBN 978-7-5596-6260-6
定价：68.00元

“任何人对真理或智慧都没有独断的权利，我们必须彼此聆听方能进步。”

——埃琳娜·卡根

“交谈是对话，而非独白。”

——杜鲁门·卡波特

“告诉我，我会忘记；教给我，我可能记住；让我参与，我才能学会。”

——本杰明·富兰克林

目 录

序言

1996年，围绕巴菲特写给股东的信在纽约市召开了一场专题研讨会，沃伦·巴菲特、查理·芒格以及其他嘉宾参加了研讨，整个过程不断迸发出智慧的火花。当时，《巴菲特致股东的信——股份公司教程》一书还只是一份手稿，也很少有人猜到它会成为全球畅销书。公司治理专家艾拉·米尔斯坦（Ira Millstein）宣称："董事会必须为收购行为制订战略规划。"巴菲特则反驳说："多数愚蠢的收购行为都是在战略规划的名义下完成的。"当我和一名同事承认已把现代金融理论纳入了教学范畴时，芒格斥责我们是在传播"废话"，不过他很快补充说，"我喜欢这两个家伙"。

为期两天的会议是在10月的一个周日开始的，纽约扬基队在前一天刚刚赢得当年世界大赛的冠军。我们在会上就有关公司的诸多问题进行了深入探讨，很多话题时至今日依然是股东、董事、高管、法官和学者们争论的热点。我的一位老朋友彼得·贝弗林（Peter Bevelin）最近问起那场研讨会，于是我又翻出了当时的录像带。我都20多年没看过这些带子了，当会议的一幕幕再次映入眼帘时，我无比惊讶地发现，即便在今天看来，当时探讨的很多问题也至关重要。任时光飞逝，岁月改变，有些事物依旧如初。

对巴菲特而言，从1956年开始，改变与延续就成了人生不变的主题。当时的巴菲特才26岁，这位投资奇才成立了一家有限合伙公司，专注于收购小企业和大公司的股份。1965年，这家公司接管了伯克希尔·哈撒韦，一家日薄西山的上市纺织公司。巴菲特有限合伙公司不久就解散了，巴菲特把伯克希尔的股票分给了公司的合伙人，而芒格正是他最大的合伙人。随后伯克希尔开始在多个领域买入股票，包括保险业、制造业和零售业。

在巴菲特和芒格的领导下，伯克希尔经历了两次大的转型。首先是从一家濒临破产的纺织公司转型为一家成功的投资企业，时间是在1996年，当时伯克希尔的资产组成为：80%来自有价证券，20%来自自营公司。从1996年开始，伯克希尔开始了第二次转型，变身为一个大型的多元化投资集团。伯克希尔现在的资产组成为：80%来自自营公司，20%来自有价证券，而后者的市值超过1,000亿美元。

伯克希尔公司的业绩可谓出类拔萃：截至2015年，公司的绩效远远超过了公认的标准，比如道琼斯工业平均指数或标准普尔500指数。从1965年到2015年，道琼斯指数上涨了18倍，但伯克希尔的股价同期上涨了12,000倍，年均复合增长率高达21%，是标普500指数的两倍。

尽管从合伙制转为了公司制，但巴菲特保留了伯克希尔的合伙人意识。这一点在伯克希尔的《股东手册》中有所体现。这本小册子共计15条，其中第一条即是："虽然组织形式上是公司制，但我们以合伙制的态度来行事。"2015年，芒格第一次提出了"伯克希尔系统"这个概念，该系统与美国其他大型上市公司通行的做法可谓大相径庭。

巴菲特对诸多与公司有关的话题持有自己的看法，这些看法往往不循常规，这也是他的公司和著作多年来都备受关注的原因所在。就公司治理而言，伯克希尔强调的是信任，而非控制；就合并而言，巴菲特倾向于让股东们去做最终的决定，而非董事会；就公司理财而言，他规避举债投资，而且把一大批忠实的拥趸吸引到价值投资领域；就会计与纳税而言，他引发了从股票期权到合并会计的诸多争论。此外，他还通过一个著名的例子引发了公众对不平等现象的关注——巴菲特宣称他的实际纳税税率竟然比他秘书的还低。

巴菲特的著作主要就是他写给伯克希尔股东们的信，1996年的研讨会就是以这些信件为核心展开的。我仔细浏览了这些信件，然后按主题对它们重新进行了排序，装订成一个150页的小册子作为会议资料发给了大家：治理、投资、收购、会计、纳税。在整个研讨会期间，针对每个主题进行了小组讨论，持续时间超过12个小时。

不久以后，我把研讨会的资料编辑出一个正式的版本，并据此出版了一本长达800页的学术著作，具体包括18篇文章和一份100页的文字整理稿。在其后的20多年里，其中的数篇文章都成为相应领域的经典之作；与此同时，我也定期对《巴菲特致股东的信——股份公司教程》一书进行必要的更新，这本书已被翻译成十多种语言在世界各地出版。

我邀请了巴菲特参加研讨会，并主动表示希望能够重新整理出版他的那些信件，因为我的研究表明它们具有极高的价值，但在现实中却未得到应有的重视。很荣幸，他接受了我的邀请和提议。他花了两天的时间跟一大群人分享和交流，其中很多是我的学生，此外，还包括十几位受邀在分组讨论时发言的商学院教授。这些人中还包括我的老师埃利奥特·韦斯（Elliott Weiss）教授，正是在他的指引下，我才第一次接触到巴菲特的信件。他跟巴菲特十多年前就已是亲密的战友，他们曾共同推动一个旨在改善美国上市公司信息披露状况的项目。

伯克希尔那边也有很多声名显赫的人物参加了研讨会，其中包括巴菲特的妻子苏珊和儿子霍华德，他们的朋友、巴菲特信件的编辑卡罗尔·卢米斯（Carol Loomis），他们的朋友、后来担任伯克希尔董事的桑迪·戈特斯曼（Sandy Gottesman）及夫人鲁斯（阿尔伯特·爱因斯坦医学院教授），巴菲特的私人律师乔治·吉莱斯皮（George Gillespie）和伯克希尔的律师鲍勃·德纳姆（Bob Denham），伯克希尔公司的高管阿吉特·贾因（Ajit Jain）和卢·辛普森（Lou Simpson），以及伯克希尔的长期股东和忠实信徒克里斯·斯塔夫鲁（Chris Stavrou）。两个小组讨论的主持人也都是大名鼎鼎的人物：伯克希尔的长期股东、超市总公司（Supermarkets General Corporation）前总裁、美国哥伦比亚大学教授、《巴菲特传》的作者罗杰·洛温斯坦的父亲路易斯·洛温斯坦（Louis Lowenstein）和知名律师、全美公司董事协会（NACD）领导人艾拉·米尔斯坦。

现场的150名听众中也不乏知名人士，比如：比尔·阿克曼（Bill Ackman）、布鲁斯·伯克维茨（Bruce Berkowitz）和保罗·希拉尔（Paul Hilal），他们三位后来都成了杰出的投资人；奥蒂斯·比洛多（Otis Bilodeau），当时还是我在乔治·华盛顿大学的一名学生，后来成了彭博电视台的全球执行编辑；杰克·雅各布（Jack Jacobs），当时他还在特拉华州大法官法院工作，后来成了特拉华州最高法院的法官；马乔里·诺尔斯（Marjorie Knowles），美国教师退休基金会的一名官员；鲍勃·芒德海姆（Bob Mundheim），1991年华尔街投资银行所罗门兄弟公司因债券交易丑闻遭政府监管部门大规模调查时，巴菲特曾临时出任过所罗门兄弟公司主席，当时鲍勃·芒德海姆是巴菲特亲自选定的几位高管之一。

我们的讨论非常热烈，现把每个小组讨论的要点简述如下，权当在大家享用后面的饕餮大餐之前上的一道开胃小菜吧。当然了，你也可以直奔自己最感兴趣的主题。

公司治理

传统上，上市公司的首席执行官们都手握大权，而董事会倾向于强化这种权力，而不是予以牵制。到了20世纪70年代后期，这种模式发生了改变。1977年，美国《反海外腐败法》（FCPA）颁布，要求董事会承担更多的监管职责。20世纪90年代出台的《联邦组织体量刑指南》（1991年版）则对采取正式监管制度的公司赞赏有加。

到了研讨会召开的1996年，此类规章制度已迫使董事会去承担一个新的角色，这个角色的任务焦点就是监管。这意味着独立董事们——通常是一位强有力的非执行董事长或者首席董事外加多个强大的委员会——要对复杂的内部控制体系进行监督指导。从1996年开始，相关法律已强制要求必须对上市公司采取监管模式，比如2002年的《萨班斯-奥克斯利法案》（Sarbanes-Oxley Act）和2010年的《多德-弗兰克法案》（Dodd-Frank Act）。

此类改革对所有上市公司一视同仁，极少有例外情况，也不会考虑公司的特色，比如所有者状况、企业文化、管理架构或者其他治理结构的设计特点。可是，这些改革显然忽略了公司治理结构的类型差异。巴菲特曾就此发表过著名的观点，他认为**公司治理结构可以分为三种类型**，而每种类型对董事会扮演的角色都有不同的要求。**第一种**：有控股股东且控股股东也是公司经理，伯克希尔到目前为止一直都是这种模式。**第二种**：有控股股东但控股股东不是公司经理，巴菲特谢幕后的伯克希尔会是这种模式。**第三种**：没有控股股东，巴菲特离开后，如果他的继承人在未来的几十年里把他的所有股份出售，那伯克希尔就会变成这种模式。

虽然改革和监管从1977年到2010年横扫美国上市公司，但伯克希尔并没有设立监督委员会，相反，咨询委员会倒是常设机构。巴菲特的主导地位赋予了他极大的权力，他完全可以从一开始就提名和选择伯克希尔的董事会成员。伯克希尔董事会的特点跟现今主流上市公司的董事会截然不同。在最初的十几年里，董事会成员包括巴菲特的妻子和好友，自1993年起，他的儿子也加入了董事会。咨询委员会的成员则不定期会面，他们几乎不承担什么监督职能。

沃伦·巴菲特在研讨会上

如今，伯克希尔董事会也会遵循法律要求设立各种委员会，拥有必要的独立性和专业知识。不过，这些设计和标签的象征意义大于实际意义。所有董事都跟巴菲特有密切的私人和职业关系，而且都是他一手挑选出来的，比如说，巴菲特遗嘱的首要受益人比尔·盖茨（经由比尔及梅琳达·盖茨基金会）、老朋友桑迪·戈特斯曼，以及首席外部法律顾问罗恩·奥尔森（Ron Olson）。此外，一半的董事会成员年龄超过65岁，大部分人为伯克希尔服务的时间都在十年以上。如果遵照公司治理大师们设定的年龄限制和任期限制，他们都得被迫离开董事会。

伯克希尔母公司最主要的活动就是**积聚和分配资本**，形式通常就是大手笔的收购。在绝大多数公司里，可能是由首席执行官先拟订一个大体的收购方案，然后提请董事会批准。正如艾拉·米尔斯坦在研讨会上所言，大多数董事会都会采纳一些战略规划并监督其付诸实施，但巴菲特回应说，**伯克希尔从未拟订过战略规划**。由于没有规划，所以巴菲特可以在第一时间为伯克希尔抓住机会。相反，如果需要董事会讨论后才能做出决策，很可能会跟机会失之交臂。

巴菲特会跟董事会分享他的收购哲学，也可能就大额交易提前跟董事会讨论，但这种讨论基本停留在概念层面，董事会不会参与任何收购对象的价值评估、组织架构设计或者资金拨付。通常情况下，在消息正式公开之前，董事会根本不知道有收购这回事儿。所有前期工作、所有讨论和谈判过程都严格保密，顶多也就伯克希尔内部的几个人知道，当然芒格通常是其中之一。

伯克希尔的董事会通常每年召开两次，而不是像其他财富500强公司那样一年召开8~12次。每次开会之前，董事们都会收到伯克希尔的内部审计团队出具的一份报告。伯克希尔的春季董事会刚好跟每年的股东大会重合。董事们要在公司位于奥马哈的总部待上几天，参加一些社交活动，见见伯克希尔的管理人员、各个子公司的经理人以及前来参会的股东们。秋季董事会会在奥马哈或者公司的某个子公司的总部召开，董事们通常有机会见到伯克希尔某个或某几个子公司的首席执行官。某个或某几个首席执行官会做现场汇报，同时跟董事们以及业务单元的负责人交换意见。

用苏珊·德克尔（Susan Decker）董事的话说，伯克希尔召开董事会更像是为了“灌输一种文化”，具体的事情很可能是在会议室之外探讨的。犬儒主义者可能会说，这样一种环境会带来结构性的偏见，而且会弱化董事们的独立判断能力，提倡公司治理的人士近十几年来一直在宣扬这种能力的重要性。此外，这种董事会并非完美无瑕，尽管在巴菲特的领导下公司的净收益显著增长，但他手中无上的权力也的确造成了几次不容忽视的收购错误。再者，伯克希尔文化的浸淫让公司治理结构变得非常扁平化，它让董事们始终站在股东们的角度上考虑问题。不管公司治理大师怎么说，这就是他们的最佳位置。

查理·芒格（做手势者）和霍华德·巴菲特在研讨会上

金融与投资

巴菲特一直被誉为“关系型”投资人，与会者花了一些时间探讨这个概念的含义。巴菲特从未把自己称为关系型投资人，而且他也不认可这个概念。事实上，这个概念在20世纪90年代比较流行，后来被“股东激进主义”一词遮蔽了光芒，因为“股东激进主义”这一概念更强有力，含义也更为宽泛。

另一方面，伯克希尔及其股东看起来就是一个基于关系的投资联合体，他们信奉的是巴菲特创设并不断提及的合伙概念。在研讨会上，有评论家表示：“巴菲特一直声称**他和所有股东都是伯克希尔的合伙人**，这种说法是具有法律约束力的，这意味着他要对公司的其他所有人承担更多的诚信义务，因为他们之间不仅仅是公司董事和股东的关系。”巴菲特回应说他愿意。由此可见，尽管伯克希尔并不是通常意义上的关系型投资的典型代表，但它的这种模式意义更为深远，因为公司的长期收益与公司对股东的忠诚度密切相关。

20世纪90年代中期对于现代金融理论而言也是一个拐点，这种理论认为股票市场是有效的，价格的波动是衡量风险的基本标准。伯克希尔模式彻底打破了学术界的观点，同时也让投资界和企业界的很多人难以理解。不过，巴菲特也不认为任何投资人都可以通过系统化的运作跑赢股市，即便无数的参与者能够快速消化各种信息，也无法确保把股价推到一个最佳的估值上。这无疑在说巴菲特是一个异类，现代金融理论的忠实信徒们甚至会不屑地说巴菲特只是比较幸运罢了。在研讨会上，围绕现代金融理论的讨论基本以冷嘲热讽为主，虽然也有几位情绪激昂的拥护者，但基本都被嗤之以鼻。用芒格的话说，现代金融理论简直就是“莫名其妙”“纯属瞎扯”。

不仅巴菲特和伯克希尔跟传统思维格格不入，伯克希尔的其他股东也堪称异类。通常来说，大型上市公司70%～80%的股票都控制在机构投资者手里，公司的各种决策都是由特定的委员会基于金融模型做出的，进行股票交易的原因很可能与公司本身无关。但在伯克希尔，情况就不一样了，**公司的大部分股票都由个人和家族持有**，他们的投资决策是基于伯克希尔的具体特点做出的。

伯克希尔的股东通常会长期持有公司的股票，在过去的十年里，股票的换手率竟然不到1%。要知道，对于大型企业集团、大型保险公司或者被伯克希尔收购前的上市子公司来说，3%、4%或者5%的换手率是比较正常的。巴菲特在研讨会上表示，目前伯克希尔的股票价格为每股30,000美元，但其中90%是在每股100美元时买入的，这意味着它们已被持有二三十年了。

研讨会上也提到了伯克希尔的分红政策。除了在1969年发放过很少的红利外，伯克希尔再没给股东们分过红。巴菲特对这种分红政策做过很多次解释，大意就是要把所有收益都留存下来，直到收益中的每一美元都至少转化为一美元的市场价值。伯克希尔曾在1984年做过一次股东调查（2014年又做过一次），调查的结果高度一致：90%以上的股东全心全意拥护公司的分红政策。到了1996年，伯克希尔的股价已攀升到每股30,000美元，有些股东有现金需求或者想把股票作为礼物送给他人，他们表示希望公司能发行低价股票。此时伯克希尔的卓越表现已尽人皆知，还未成为公司股东的人也希望能以可承受的价格变成伯克希尔的股东。

受此启发，两位金融家在1996年设计出一种投资工具，来满足这些需求。他们建议成立信托基金去购买昂贵的伯克希尔股票，然后将其拆分为零星股权发售，每股交易价格仅为500美元。为了消除这些信托基金的吸引力，同时消除对方借机收取手续费的企图，伯克希尔创设了二级股票体系，其中的B股只有部分投票权和经济权益，交易价格大约为每股1,000美元。这一举动在研讨会上被称为**“巧妙的设计”**，它让伯克希尔现有股东手中的股票增强了流动性，因为A股可以转化为价格相对低廉的B股，而且还无须纳税。

合并与收购

从1996年起，伯克希尔的重大收购举动屈指可数。巴菲特涉足的合并基本只考虑两类公司：伯克希尔拥有股份的公司；

巴菲特本人在其中担任董事的公司，比如吉列公司和所罗门兄弟公司。从这个角度出发，他们最关心的只有一点，那就是**确保董事会不会对股东横加干涉**，股东有权为所持的股票获得最大的价值，并能够自由地把握此类机会。

最根本的问题始终不变：收购方在收购目标公司时给出的溢价是太高了，还是捡了个大便宜？就不受欢迎的提议而言，董事会的反应在多大程度上会受到企业文化的影响？这些影响又是如何发挥作用的？最重要的是，当时的收购高手、现今的股东激进主义者带来的到底是增值还是减值？他们到底是骗子、傻瓜，还是有智慧、有远见之人？这才是始终要问的问题。

在20年间，巴菲特逐渐辞去了他在各个董事会担任的职位，伯克希尔的投资策略也发生了巨大的改变，从只占有少数股权完全变为合并或者收购公司。从1996年起，伯克希尔豪掷近1,700亿美元收购了大约40家公司，这种大手笔无疑让此前的那些小打小闹相形见绌。虽然巴菲特在一些话题上的立场始终未变——倾向于让股东做出选择、预期价格和价值之间存在差距、认可公司的文化、不喜欢恶意竞购和公开的激进主义，但伯克希尔扮演的角色的确跟从前大不相同了。

巴菲特缔造了一个大型企业集团，但无论是1996年的收购高手还是后来的股东激进主义者，都不想看到这样的企业集团存在。老牌的杠杆收购天王KKR早期就发起过不少旨在拆分大型企业集团的运动，他们的做法跟卡尔·伊坎（Carl Icahn）、尼尔森·佩尔茨（Nelson Peltz）现今的做法可谓大同小异。但无论是过去还是现在，巴菲特和伯克希尔都对大型企业集团的模式情有独钟——1986年以“白衣骑士”交易的方式拯救斯科特·费策尔（Scott Fetzer）集团，2006年已把伯克希尔打造成一个巨型的美国上市公司。

从1996年起，巴菲特就确定要为伯克希尔打造一种独特的企业文化，这种文化以信任为基础，在其后的20多年里，他的确做到了。在大部分公司里，尤其是大型企业集团，企业的任务通常都比较集中，会有部门主管和小部门主管（中层管理人员），会有汇报层级，会有与预算、人员相关的制度体系和错综复杂的流程体系。**这种组织架构意在有效监督，但实际上却会带来大量的成本增加。**

相反，伯克希尔认为这样的组织架构太官僚化，所以仅在内部保留了一个基本的审计部门，而把这些所谓的企业要素以及其他内部事项都转交给各个子公司负责。总部办公费用在伯克希尔上的几乎可以忽略不计，因为总部只有二十几个人，工作的核心就是财务报告和审计。每个子公司都保留自己的预算、运营和人力资源制度及流程——当然也都会设置一些传统的部门，比如会计部、合规部、人力资源部、法务部、市场营销部、技术部等。

伯克希尔只会收购拥有强大高管团队的公司，然后充分信任和尊重他们，只在非常有限的范围内进行必要的监管。所有日常决策都由高管们自行做出：广告预算、产品特色和环境质量、产品组合和定价。此外，人员招聘、销售规划、库存管理和应收账款管理也都是高管们说了算。

即便是资深岗位的继任者问题，包括首席执行官这种岗位，伯克希尔也都遵从子公司的选择。伯克希尔很少在不同的子公司之间进行业务转移，也几乎不会让经理们轮岗流动。**伯克希尔没有退休政策**，很多高级管理人员都会工作到70岁或者80岁高龄。伯克希尔的文化就是要设计出一个永恒的家园，这个家园具有强大的包容性，各种高度自治、自力更生的业务都融入其中，精打细算，兴旺繁荣。

拉里·坎宁安（Larry Cunningham）和查理·芒格在茶歇时交谈

会计与纳税

众所周知，巴菲特在年报中会详细阐述会计问题，而且经常会超出正式的会计准则或证券法要求或关注的范畴，他会呈现很多内容，做出详尽的解释。在研讨会上，巴菲特的这个习惯也引发了有关信息披露的讨论——到底哪种方式才是对股东更有利的？仅仅是依照相关的要求披露信息，还是大胆给出高层管理者更广泛的观点？在1996年时，虽然合并会计的现代替代方式备受关注——联营或并购，但有关更广泛话题的讨论依然非常热烈，这是因为用于规范非美国通用会计准则（Non-GAAP）信息披露的规则发生了改变，即便投资者要求提供额外的非美国通用会计准则信息，也要进行严格规范。

2011年，巴菲特在《纽约时报》的一篇专栏文章中提及收入不平等的问题，声称他的秘书纳税的税率比他还高。无独有偶，芒格在1996年的研讨会上也强调了所得税的公平性问题。其实，每当谈到税收政策，一定会谈及公平性和合理性，无论谈的是所得税本身还是诸多富有争议性的企业税制问题。在研讨会上，有关纳税的问题屡被提及，其中包括最基本的问题，比如个人和企业适用的税率，也包括影响企业分红政策的税收激励措施，以及高管薪酬的支付方式和数额。

有关税收政策的讨论总会引发出一个问题：企业想方设法

少纳税或不纳税是否符合道德规范？举例来说，伯克希尔的企业集团架构使得它可以在内部进行现金配置，通过把现金投放到能够带来最大回报的业务上，实现增量资本的效益最大化——这个过程并不会产生所得税。有些子公司会产生可以抵扣的税额，虽然它自己无法使用，却可以为其他子公司所用。伯克希尔曾支持美国跨国公司通过“企业倒转”（corporate inversion）的方式把自己变成非美国公司，比如美国连锁餐厅汉堡王通过跟蒂姆·霍顿斯（Tim Hortons）合并，将总部搬到了加拿大的安大略省。这些都是研讨会上永恒的话题，我们整理的脚本能够为此类研讨持续贡献价值。

*****

1996年的研讨会上讨论的内容跟伯克希尔年度股东大会上的议题非常类似，只不过两者的形式大不相同。我第一次参加伯克希尔股东大会是在1997年的春季，当时参会人数达到了破纪录的7,500人——此前巴菲特就警告我说会“人山人海”的。2015年，我第二次参加伯克希尔股东大会，那一次的参会人数达到了4万人（我们把1996年研讨会的人数限定为150人）。

伯克希尔股东大会是一场没有事先排练，也没有设计编排的盛事，巴菲特和芒格会拿出一整天的时间回答股东们提出的各种问题，同时尽情享用可口可乐和喜诗花生脆糖。但在我们的研讨会上，伯克希尔的两位灵魂人物更多的时间是在提出问题，而不是回答问题，更像是一场你来我往的对话。不过，我们也为大家准备了可口可乐和喜诗糖果。

劳伦斯・坎宁安

2016年春于纽约

编者的话

除了序言中提供的背景信息外，编辑后的脚本增加了注释，我们邀请了很多嘉宾针对特定的内容发表评论。这些嘉宾包括著名投资人以及研究伯克希尔和巴菲特的专家，他们中的许多人也参加了1996年的研讨会，比如黛博拉·德莫特（Deborah DeMott）、罗伯特·哈格斯特朗（Robert Hagstrom）、保罗·希拉尔、马克·休斯（Mark Hughes）、埃德·基奇（Ed Kitch）、戴尔·奥斯特勒（Dale Oesterle）、沙恩·帕里什（Shane Parrish），以及吉姆·里佩蒂（Jim Repetti）。

虽然从录像带转出来的文字本身就充满了幽默感，但脚本中还是对出现笑声的地方进行了标注。对话的绝大部分内容在录像带和相应的脚本中都有所体现，但也有个别带子的内容稍有缺失。

书中的文字与原始脚本在风格上也略有差异，虽然没用省略号或者其他标点符号表示，但的确省略了一些材料；删掉的内容包括冗长的表述，比如跨段的内容和印刷出来毫无意义的内容——口头禅、混乱不清的表述、过于啰唆的表达，以及没有实际意义的连接词。

书中的大部分照片都是在研讨会上拍摄的，部分来自编辑和其他嘉宾，但绝大部分都是由纽约叶史瓦大学本杰明·卡多佐法学院的通信办公室慷慨提供的，1996年的研讨会就是在这所法学院的塞缪尔与罗尼·海曼公司治理中心举办的，当时我是该中心的主任。

最后，感谢所有浏览过这个注释版并发表高见的朋友和同事，包括前面列举的人员以及比尔·阿克曼、彼得·贝弗林、杰夫·戈登（Jeff Gordon）、桑迪·戈特斯曼、史蒂夫·基廷（Steve Keating）、安迪·基尔帕特里克（Andy Kilpatrick）。我还要特别感谢沃伦·巴菲特一直给予我巨大的支持，感谢他对这个脚本的关注和认可。最重要的是，我要感谢我的妻子斯蒂芬妮·库巴（Stephanie Cuba），感谢她带给我的一切，特别是我们的两个宝贝女儿丽贝卡和萨拉。

劳伦斯·坎宁安

沃伦·巴菲特、苏珊·巴菲特、乔治·吉莱斯皮（George Gillespie）

桑迪·戈特斯曼、阿吉特·贾因、卡罗尔·卢米斯

拉里·坎宁安、沃伦·巴菲特、大卫·鲁登斯坦（David Rudenstine）

卡罗尔·卢米斯、沃伦·巴菲特、霍华德·巴菲特、桑迪·戈特斯曼、阿吉特·贾因

苏珊·巴菲特、沃伦·巴菲特、查理·芒格、霍华德·巴菲特

沃伦·巴菲特

致谢名单

威廉·阿克曼（Ackman, William）（激进投资人，对冲基金潘兴广场资本创始人兼首席执行官）

威廉·W. 巴顿（Bratton, William W.）（宾夕法尼亚大学教授）

沃伦·E. 巴菲特（Buffett, Warren E.）（伯克希尔·哈撒韦公司）

劳伦斯·A. 坎宁安（Cunningham, Lawrence A.）（乔治·华盛顿大学教授）

鲍勃·E. 德纳姆（Denham, Robert E.）（芒格·托雷斯·奥尔森律师事务所合伙人）

黛博拉·A. 德莫特（DeMott, Deborah A.）（杜克大学教授）

麦尔文·A. 艾森伯格（Eisenberg, Melvin A.）（加州大学伯克利分校教授）

吉尔·E. 费斯（Fisch, Jill E.）（宾夕法尼亚大学教授）

杰弗里·N. 戈登（Gorden, Jeffrey N.）（哥伦比亚大学教授）

罗伯特·哈格斯特朗（Hagstrom, Robert）（投资人和作家）

罗伯特·H. 汉密尔顿（Hamilton, Robert H.）（得克萨斯大学教授）

保罗·希拉尔（Hilal, Paul）（激进投资人，曾在潘兴广场资本任职）

小詹姆斯·P. 霍尔德克罗夫特（Holdcroft, James P., Jr.）（银行高管）

卡尔文·H. 约翰逊（Johnson, Calvin H.）（得克萨斯大学教授）

埃德蒙·A. 基奇（Kitch, Edmund A.）（弗吉尼亚大学教授）

威廉·克莱恩（Klein, William）（加州大学洛杉矶分校名誉教授）

马乔里·诺尔斯（Knowles, Marjorie）（美国教师退休基金会，佐治亚州立大学）

路易斯·洛温斯坦（Lowenstein, Louis）（哥伦比亚大学已故教授）

乔纳森·R. 梅西（Macey, Jonathan R.）（耶鲁大学教授）

艾拉·M. 米尔斯坦（Millstein, Ira M.）（威嘉律师事务所合伙人）

罗伯特·芒德海姆（Mundheim, Robert）（谢尔曼·思特灵律师事务所合伙人）

查理·T. 芒格（Munger, Charles T.）（伯克希尔·哈撒韦公司）

戴尔·阿瑟·奥斯特勒（Oesterle, Dale Arthur）（俄亥俄州立

大学教授）

J. 布拉德伯里·里德（Reed, J. Bradbury）（巴斯-贝里-西姆斯律师事务所已故合伙人）

詹姆斯·R. 里佩蒂（Repetti, James R.）（波士顿学院教授）

大卫·鲁登斯坦（Rudenstine, David）（卡多佐法学院前院长）

路易斯·辛普森（Simpson, Louis）（政府雇员保险公司退休高管）

林恩·A. 斯托特（Stout, Lynn A.）（康奈尔大学教授）

埃利奥特·J. 韦斯（Weiss, Elliott J.）（亚利桑那大学教授）

查尔斯·M. 雅布隆（Yablon, Charles M.）（卡多佐法学院教授）

注：括号内均为当前或最近任职公司/机构

大卫·鲁登斯坦院长致欢迎辞

1996年10月27日

大家好，欢迎来到卡多佐法学院。今年恰逢卡多佐成立20周年，就一所学院而言，这并不是一段很长的历史，如果你把它跟哈佛大学、耶鲁大学、牛津大学或者纽约时装学院相比的话，虽然乳臭未干，但我们的故事并不平凡。卡多佐向来都是一个重要的中心，在教、学和奖学金等方面都树立了不错的口碑。今天的研讨会既是一个明证，也是一次增光添彩之举。

如果不首先提一下扬基队昨晚取得的辉煌战绩就一头扎进《巴菲特致股东的信》中，好像不太合适。不管怎么说，巴菲特和扬基队至少有一个共同点，他们在各自的领域都居于主导地位。昨晚是扬基队18年来第一次赢得世界大赛的冠军。我年轻的时候，他们可是常胜之队啊！不过我不太记得他们1947年夺冠的情形了，因为当时我才5岁。但到了1949年，我已经成

了扬基队的铁杆球迷，在20世纪50年代初期，在他们迈向辉煌的征途上，赛场上的每次投球和每次击球都撩拨着我的心弦。

大家都知道，在那些高奏凯歌的赛季，卡西·史丹格尔是扬基队的经理。和沃伦·巴菲特一样，史丹格尔也备受关注，因为他和巴菲特先生一样，也是个赢家。无论你在什么时候查看球队的排名，他的扬基队总是位列前茅，常年如此。不过，跟巴菲特先生不同，史丹格尔先生没有写信，没有给扬基队的老板们、球员们或者球迷们写信。可是，他也有很多话要说。在拿出两天的时间认真思考巴菲特先生在过去很多年写给股东们的信之前，我觉得可以先有个序曲，或许可以先引述一下史丹格尔先生说过的那些名言。

昨晚的比赛验证了史丹格尔曾经说过的一句话："好的投

球总能阻止好的击球，反之亦然。”说到戒酒能否帮助球员们有更佳的表现，史丹格尔说：“除非他们本来就能打好，否则就没什么帮助。”说到要坚决果断，这也是投资人必备的性格，史丹格尔说：“我已经下定了决心，但也做好了两手准备。”有人说他很幸运，所以才成了一名成功的经理人——我想巴菲特先生应该也听过类似的言论，对此史丹格尔回应说：“运气都是靠自己挣来的，有些人一辈子都不会走运。”最后，谈到他的未来，史丹格尔在1965年春天是这么说的：“我怎么知道未来会怎样，很多跟我同龄的人都已经死了。”

组织一场会议可不容易，必须得有创意、有规划，还得耗费大量的时间去做组织协调工作，当然还得有资金来源。今天的研讨会也不例外。拉里·坎宁安教授既是这场会议的构思者，也是组织者。我们都得衷心感谢他，谢谢你，拉里。我们还应该感谢《卡多佐法律评论》的同学们，正是他们协助拉里把雄心勃勃的想法变成了现实。他们一直在辛勤地工作，如果没有他们的努力，我们今天就不会出现在这里——所以，谢谢你们。举办这次研讨会的费用是塞缪尔与罗尼·海曼公司治理中心赞助的，在过去的这些年里，海曼公司治理中心始终都是法学院慷慨的支持者。对他们一直以来的支持，我们深表谢意，他们从未怀疑过我们的能力，始终相信我们能做好自己的事情，也包括今天我们在这里做的事情。

最后，我想感谢巴菲特先生，感谢他写的那些信，也感谢他今天能够莅临现场。非常感谢您来参加我们的研讨会，我们对接下来两天的研讨充满期待。

公司治理

专题研讨一：主持人——艾拉·米尔斯坦（右一，背对摄像机）

第一排：苏珊·巴菲特、沃伦·巴菲特、查理·芒格

第二排：布鲁斯·伯克维茨、彼得·希拉尔（Peter Hilal）、比尔·阿克曼、保罗·希拉尔

*****

乔纳森·梅西和詹姆斯·霍尔德克罗夫特提出了一个很激进的想法：让上市公司的股东们可以委托他人代为在每年的股东大会上投票，进而指导董事会更换在任的管理人员或者将公司挂牌出售。

鲍勃·德纳姆：在有关公司治理改革的建议中，有一些是很危险的，就好比病毒。在我看来，这就是一个特别有趣的例子。我之所以说它是公司治理变革中的病毒，是因为它会导致权力和责任的分离。这个提议显然会导致权责的严重分离。股东们有权给公司贴上一个“待售”的标签，却无须承担具体实施出售行为的责任。

毫无疑问，在很多情况下，给要出售的公司贴上“待售”标签并非最明智的做法。这显然会让员工和客户变得惶恐不安。如果股东们给公司贴上了一个“待售”标签，必然也不会带来什么好的前景。如果以这种方式把权力和责任分离，我根本无法想象一个心智正常的人为什么还要进入董事会。

霍尔德克罗夫特：事实上，我们的看法刚好相反——这么做能够让责任和决策很好地结合起来。不管董事会采取什么行动，最终获益或受损的都是公司的股东。这种做法赋予了股东决策权，如果他们觉得合适，那他们就可以做出决定。

鲍勃·芒德海姆：我也想问一个问题，这个问题跟鲍勃·德纳姆的问题类似。假设一家经纪公司（即券商）的股东们给公司贴上了“待售”标签，那么，在待售的这段时间内，公司内部的人会怎么办呢？

梅西：有些公司会比其他公司更好卖，每年由董事会提出是否出售的建议是完全合理的，如果他们提出这种要求，而且允许大家投票，我们可能会说“我们建议你不要卖掉公司，否则可能会带来很多可怕的后果”。

如果你的分析是正确的，如果你拥有这家经纪公司，你就会遇到很多可怕的问题，在公司待售的这段时间里，很多人都会选择离开，如果公司最终在这种情况下出售了，那一定会大幅贬值。我的意思是说，如果的确如此，所有代价都得由决策者来承担，也就是股东们。

鲍勃·芒德海姆：董事会可能无法做出这样的声明，如果在这段时间内，事实上董事会的确想把公司卖掉。我不知道，依据相关的证券法，他们在股东委托书中可以说出售公司是一件很可怕的事情，但不久之后，他们就会宣布公司已经卖出去了。（笑声）

梅西：没错，如果你得到了非常重要的信息，而且你迫使公司被卖掉，你也会持类似的观点。但我们肯定会在提议中给董事会留出宽裕的时间，那么，即便他们拿到了支持票，而且的确出现了你所描述的那种情况——比如他们已经做好了出售公司的准备或者得到了某些未公开的信息，这些信息不能在拍卖时泄露出去，但肯定会对售价造成重大的影响——要改变这一切也并不是什么难事儿。

保罗·希拉尔：我们每天都在出售公司，而且我们会尽一切可能确保报价过程是保密的。要知道，如果我的客户要挂牌出售，即便只是有这种可能性，也会引发恐慌，不仅仅是对员工而言——可能会有人叛变、有人离职，对我们的供应商和用户也是如此。所以当有人说，整个公司可能挂牌出售或者高管团队可能发生巨变，即便只是一种可能性，这种可能性本身就会给公司带来负面影响，就会阻碍公司价值的充分实现。

你们的提议算是股东治理模式的翻版。**目前来看，过于分散的股东不会带来什么直接的影响**，但他们还有其他选择，比如卖掉自己的股份，远离他们不支持的管理团队。

你们的提议将赋予分散的股东更大、更直接的影响力和控制权，那么问题就来了：你们给股东那么大的权力，他们真的知道该怎么用吗？你们是想说目前这种选择董事代表股东的体系是失败的吗？要知道选出来的可都是经验丰富、深度参与公司管理的董事啊。你们的意思是说这些董事会成员没能代表股东们的利益吗？那么，在董事会层面予以补救或许是更好的选择，而不是强化股东们的直接影响力，因为他们可能是施加这种影响力的最佳人选，但也可能不是。

梅西：我想我们有必要花点时间思考一个事实：每年都有很多公司进行代理权的征集，每年都会有股东投票，但强有力的数据表明，在这种代理权争夺战中，获胜的往往是管理团队，因为这种代理机制的控制权牢牢把握在他们手中。我们甚至亲眼看到过你和芒德海姆院长提到的那种分裂。我们现在观察到的结果就是你将会看到的，那就是公司不会被卖掉。我们的提议针对的是比较罕见的例子。

艾拉·米尔斯坦：沃伦，我觉得从某种意义上来说，他们提出了一个不错的观点。如果你是其中一家公司的单一股东或控股股东，而且你想更换管理人员，那你就可以更换，如果你想把公司卖掉，那就可以卖掉。他们想要做的就是找到一种方式，让这些分散的所有者能够像你一样，去做他们想做的事情。真正的问题是**你是否能把单一的所有权转变为分散的所有权，然后依然可以采取行动**。对此你怎么看？

巴菲特：在伯克希尔，我们是所有分公司的唯一股东。事实上，我们的行动方式正是你所希望的，由董事会代表分散的股东采取必要的行动。我们也有几个问题，首先是**资金配置问题**。子公司的管理层配置资金的方式可能不同于我们在伯克希尔的做法，因为我们不关心子公司的相对规模，我们关心的是股东们在那家子公司的总体盈利情况。

另外一个问题是，我们要确认**是否找到了合适的经理人**，当然绝大多数情况下我们都能找到。经理人很糟糕倒不是最大的问题，最大的问题是经理人很平庸——这种情况太常见了。这是一个很棘手的问题，我也不知道你们是如何应对的。在伯克希尔我们能解决这个问题，但我得说这是我遇到的最棘手的问题。

米尔斯坦：对于股东分散的公司来说，这个问题会更棘手——平庸的经理人通常都隐藏得很深，你是如何在第一时间发现他们的？

巴菲特：如果你运营的是一个运动队，找出庸才是很容易的。我们面临的问题其实非常相似。在伯克希尔，虽然我们拥有子公司100%的股份，但是我们的董事会能够履行好自己的职责，我想对于董事们来说，最大的激励因素就是面子问题。如果你让大人物下不来台，他们就会表现得更好。在这方面，我想媒体发挥的作用是最大的，他们才是促使董事会做好本职工作的最大推手。

*****

麦尔文·艾森伯格认为董事会应该维持一套内部控制系统，以确保公司的运作符合法律和公司政策。吉尔·费斯则认为流行的公司治理观点倾向于建立一套通用型的系统，但这种系统显然不适合每家公司的具体特点——他以伯克希尔为例，证明了一家无视治理趋势的公司反而运作得更好。

马乔里·诺尔斯：对这两个方面我都想发表一下看法。首先，我不太清楚梅西和霍尔德克罗夫特的提议旨在解决什么问题。你们关注的是什么？收购花费的时间太长了，还是说大部分的机构投资者都太保守了？如果你们认为由股东投票决定是否出售公司能让事情进展得更快，我能够理解。可是，第二个问题依然存在。

把分散的股东聚集到一起始终是个问题，因为他们的目的和做事方式千差万别。我可以告诉大家，依据美国教师退休基

马乔里·诺尔斯

金会的经验，确认那些表现不佳的公司并采取相应的行动可不容易，真实的情况要比媒体描述的复杂多了。我们发现，确认表现不佳的公司有多种方式，但很难找到一种对采取公司治理行动有用的方式，我觉得这并不是因为费斯教授提到的那些原因。

我想进一步解释一下。我经常给学生们说到一个主题，这个主题来自斯塔特勒兄弟乐队歌曲中的一句歌词：“当你过了18岁，生活可就复杂了。”（笑声）在我看来，**机构投资者确认表现不佳的公司并采取有效的行动**是一个非常重要的主题。我觉得仅仅把这些事情放进股东委托书里并不是最有效的方式。

更为有效的方式是区别不同类型的机构投资者。举例来说，企业养老基金是非常保守的，这一点众所周知，换句话说，这些基金不是激进主义者。相对而言，公共养老基金可能就激进多了，但这种激进更多的是表现在治理层面，而不是绩效层面。我们倾向于关注公司的绩效，我们发现可以采取很多非正式的路径，但无论采取哪种路径，我们都不会把这些事情抛给股东们去投票决定。

其次，费斯教授提到，未能在公司治理监督和绩效之间找到相关性，我想回应一下这个说法。我不太确定我们是不是应该去找这种相关性，但在我看来，无论是经验之谈还是实证研究都表明**良好的公司治理对公司来说是非常重要的**，特别是在公司处于转型期或者出现危机时。到目前为止，我尚未发现有人好好研究两者的相关性。杰伊·洛尔施（Jay Lorsch）教授关于董事会实际工作方式的研究表明，公司治理规范在某些时候能够发挥最大的作用，比如说，当公司需要一个新的接班人计划时。

所以我想说，我们之所以特别关注公司的治理规范，目的是帮助公司更好地应对可能发生的危机，而不是让公司在未来的五年里股价能够上涨，但目前大部分商学院研究的都是后者。我们（美国教师退休基金会）是长期投资者，我们更关注企业绩效的长期提升，而不是我在很多研究中看到的短期收益。

米尔斯坦：我们尝试对比一下两种模式。一种是**巴菲特模式**，持有公司大部分的股票，真正关注管理层的动态。另一种是**美国教师退休基金会模式**，典型的大型公共机构，持有1,600家公司的股票，根本不可能对每一家公司都保持关注。虽然这是不可能的，但这个世界就是这么运转的。如果追踪一下全球排名前25的大公司，你就会发现，事实上这25家大公司的大股东都是同样的25家大型机构。作为一名反垄断律师，这个事实让我非常担心，不过看起来这个房间里也只有我一个人在担心这个问题吧！不管怎么说，这就是现实。对于沃伦·巴菲特类型的公司关心的那些问题，不知道拥有1,600家公司的美国教师退休基金会是如何确认的呢？

诺尔斯：我很高兴有机会给大家介绍一下我们的基金会，这是一家我很尊敬的机构。您说的完全正确，在我们的股票投资组合中，绝大多数都是被动型投资或者指数化投资。我们主动管理的公司相对来说很少，如果想深入了解投资的公司，我们会咨询分析师的意见。我们发现，罗伯特·博森（Robert Pozen）的研究也表明，对于大多数机构投资者来说，**投入大量的时间和研究去找出问题然后解决问题是得不偿失的**。

不过，我们也发现，如果能够对问题进行有效的确认和权衡，就少数“表现不佳的公司”而言，跟管理团队合作的确是解决问题的最佳方式。事实上，依据我们的经验，大多数表现不佳的管理团队都能讲出自己的故事来，问题是我们的分析师是否认同他们所讲故事的合理性，如果合理，我们就不应该放弃他们。我们太大了，不可能经常性地出售我们投资的公司，这才是我们真正的问题所在。如果我们觉得某个公司的董事会的确不负责任，我们也会保留自己的投票。接下来的问题就麻烦了：我们倾向于成为一家大型的、不那么张扬的公共公司，那么，我们到底要不要召开新闻发布会呢？我觉得这就回到巴菲特先生所讲的观点了。

米尔斯坦：当事情变得非常糟糕时，你就要把手电筒打开了，对吧，麦尔？

艾森伯格：我并不想让你觉得扫兴，但你刚才说认同吉尔的观点，我可不这么认为，而且我也不认同你的观点。（笑声）因为你说的是你认同每家公司都可以拥有自己的董事会架构，但我觉得吉尔说的是一家公司应该能够决定它不需要一个独立的董事会。（吉尔·费斯点了点头。）此外，在新的全美公司董事协会（NACD）报告的概述部分，你告诉我们说，“一家公司应该做的事情就是拥有一个独立的董事会”。

米尔斯坦：毫无疑问。

艾森伯格：好的，所以我想先把话说清楚，有传言说我们俩的观点非常一致，但事实并非如此，这是其一。此外，你说——或者说那份报告说——董事会想做什么就应该做什么（我猜这已经超越了独立性的范畴），对此我也不认同。因为，举例来说，你从我早先做过的报告就可以看出来，如果一个董事会说我们别管内部控制的事儿了，那我一定会非常震惊。我没听哪个董事会说过对公司的内部控制完全不感兴趣。如果一个董事会说，在这家公司里，我们不批准公司的重大计划和关键举措，我也会感到很吃惊。哇，不管公司——高管们——想要什么，我们都盖章了事。那么，除非你说的不是你心里真正想的，当然了，你还有两周的时间改变说法，（笑声）所以，除非你说的不是这个意思，否则我坚决不赞同你的说法。

米尔斯坦：没错，我说的就是这个意思。其实想都不用想就知道，即便董事会成员的智力水平一般，也肯定不会做出你说的那些举动。我们在报告中给出了长达23页的建议，而且我们还说，如果你拒绝它们，那就应该告诉股东们为什么拒绝。因此，在我看来，如果一个董事会拒绝去做你想要的那种审计，而且告诉股东们他们为什么不会再做审计了，那么这个董事会的成员很快就会被踢出董事会。我们认为**董事会的做事方式应该是公开透明的，而且要对自己做的事情做出合理的解释**，这才是董事会的最佳运作之道。我赞同沃伦的观点，只要董事会的成员们智力水平没问题，只要他们还有所作为，而且知道自己的职责是什么，那就不会拒绝去做你提到的那些事情——我对这些人还是很有信心的，但我猜你可能没有。我觉得他们会做好自己该做的事情。

艾森伯格：“你”是谁？

米尔斯坦：你。

艾森伯格：我？

米尔斯坦：没错，就是你。你是想监管他们并告诉他们做什么吗？

艾森伯格：从某些关键的层面来说，我的回答是肯定的，董事会必须批准公司的重大计划和关键举措。

米尔斯坦：这是法律要求的吗？

艾森伯格：不是，法律只管分红之类的事情。

米尔斯坦：实际上，即便法律没有要求，只要是正式形成文字要求董事会去做的事情，他们都会去做。其实你没必要在这里把话题放大，他们知道自己该做什么。

艾森伯格：在这一点上，我们的观点可能并不冲突。

杰夫·戈登：（麦尔·艾森伯格建议的）审计人员可能涉及巨大的成本，包括货币成本以及其他成本。吉尔·费斯谈到了灵活性、成本以及相应的益处，艾拉·米尔斯坦谈到了董事会的责任。对照他们的说法，艾森伯格教授，如果安排一名审计人员督促董事会做你认为他们该做的事情，你觉得如何？对此你怎么看？

艾森伯格：我现在谈的不是法律规范，我谈的不是要求董事会必须承担内部控制责任的法规或者如何贯彻执行这样的法规，因为我认同此前说过的一些事情。比如说，宣传这件事——我认为企业文化这个层面的确更为重要。

在重构董事会这个概念时，我想理论和实践是趋于统一的。此外，在我看来，如果你能塑造出接受特定规范的企业文化，这种文化很可能要比法律规范更为重要。所以，首先就像我刚才说的，我现在谈论的是企业文化中的规则，目前我希望能看到这样的规则落到实处。

说到这里，我想我希望看到的就是一种企业文化规则，在这种规则中，至少要有一名内部审计人员直接向董事会汇报。至于有多少公司有这样的内部审计人员，我手头上并没有相应的数据，如果我说大部分大型上市公司都有这样的内部审计人员，那可能也是不对的，但我看到的实际情况留给我的印象的确是如此。

当前的评论

“如果股东们提出的建议是经过深思熟虑的，绝大多数董事会和高管团队都会表示欢迎，而且会本着为股东谋求最大利益的原则，谨慎地采取必要的行动。当董事会和管理层跟成熟的股东们携手合作时，每个人都会是赢家。在某些令人感到遗憾的案例中，只有‘手电筒’——通常就是代理权争夺——能够带来可信的前景。此外，手电筒揭示的事实可能令人感到尴尬，只有在这种情况下，才足以促使在位者采取行动。股东们说话可以轻声细语，但携带的手电筒必须足够大！”

——保罗·希拉尔

芒格：如果梅西和霍尔德克罗夫特的提议被采纳了，而且只需走一个并不复杂的程序，股东们就有权把一家公司卖掉，那么你就会发现，从股东收益的角度来说，在特定时间里，美国的每一家公司都更应该被卖掉，而不是继续经营下去。那么，如果此时提议卖掉公司，决议很快就会通过。这无疑是有史以来最有效的提议了。所以说，在评估提议带来的后果时，你的注意力会高度集中。

不过，如果你能再往前迈一步——其实任何恰当的分析都是如此，你就会去评估这些结果可能带来的后果。如果看到股东们有权为了自己的利益迫使公司不断被转手，为了确保自己的位置不会被取代，所有美国公司的经理们都会时刻绷紧每一根神经。

所以，你们谈论的这个提议会给美国的经济和社会体系造成非常深远的宏观影响。每一个人都会想做大做强，进而在每一个选区进行强大的利益布局，让股东们无法强迫公司出售，即便出售公司能给股东们带来更大的回报。这将是一个令人震惊的提议，而且影响力巨大，我不太确定你们是否好好考虑过如果投票支持这个提议，会带来怎样的后果。

巴菲特：作为一名股东，我只关心董事会是否能做好两件事情。**一是**找到一名一流的经理人。**二是**在这名一流经理人自身的利益与股东的利益发生冲突时，能够以何种方式予以干涉。

我觉得要同时做好这两件事情很不容易。仔细数数的话，我曾经做过17家上市公司的董事，这还不包括我们自己控制的公司（这些公司我们有很强的主导性，也都有被虐的基因）。（笑声）在这期间，我一直纠结于几个问题，这几个问题或许有办法予以改善。

第一个问题：**找到一流的经理人**。在这17家公司中，我从未看到有人当着首席执行官的面谈到平庸的或者糟糕的经理人这个问题，也从未看到有人当着首席执行官的面进行人员变动的评估，就我所知的其他公司也是如此。这种事情根本就不会发生。所以我想，要真想解决这个问题，就必须定期召开会议，对首席执行官的表现进行评估，当然，首席执行官本人不能在场。

如果只是在大会后随便开个小会——如果不是按照计划定期召开，会议的气氛就会变得非常紧张。董事会虽然是依法设立的机构，但它本身也是一个社交圈子。如果没有一个强有力的领导者，这么一群人很难突然就决定换个地方开会，然后认真地讨论是否要把那个看起来非常体面的首席执行官扫地出门。

因此，就评估首席执行官这一点而言，我觉得应该把重点放在流程上面。如果说董事们拥有一家公司100%的股份，或者他们家人的生活完全依赖公司的业务收入，那么需要开人时

查理·芒格和霍华德·巴菲特

他们肯定不会手软，但这种情况非常罕见。我不知道你们有什么办法强化董事们开人的意愿，反正我在美国上市公司还没看到什么好办法。

如果你们找到了一流的首席执行官——这绝对是第一要务，他不一定要是全球最好的，只要是一流的就可以。从某种程度上来说，我可能认同吉尔的观点——**通过让首席执行官向其他首席执行官请教或者寻求董事会的建议**，你可以把一个5分的首席执行官变成5.5分的。但依据我的经验，要把5分的变成8分的可就难了，你还不如把这个5分的开掉，让他去做其他事情，然后直接去物色一个8分的。

当前的评论

“巴菲特善于为伯克希尔的子公司物色一流的首席执行官可是出了名的。不过，在研讨会召开后的20年里，他不得不证明自己同样善于在必要的时候更换这些人，虽然这种换人通常不会闹得沸沸扬扬。虽然下属子公司的状况各不相同，但那段时间里不少子公司都非常低调地更换了首席执行官，比如本杰明·摩尔（Benjamin Moore）涂料公司、费切海默兄弟公司（Fechheimer Brothers）、欢乐厨妇公司（The Pampered Chef）、佳斯迈威公司（Johns Manville），以及利捷公务航空有限公司（NetJets）。更广为人知的事件是伯克希尔旗下的高管戴维·索科尔（David Sokol）的突然辞职，他是解决难题的能手、能源业务负责人，也是巴菲特的热门接班人选，他在伯克希尔收购路博润公司（Lubrizol）之前购买了该公司的股票。”

——拉里·坎宁安

第二个问题：即便是一流的首席执行官，其自身的利益也会跟股东们的利益产生冲突，他的薪酬问题就是其中之一，还有一种冲突则跟收购有关。开展大型活动或者仅仅是采取更多的行动都能带给首席执行官极大的心理满足感，即便这名首席执行官在其他方面可能是一流的，但他期待的秀场或者行动也可能跟股东的利益产生冲突。基于收购的本质属性，当收购计划提交到董事会时，如果被驳回，那无疑就是对首席执行官的拒绝和否定，就是让他在他的团队面前丢脸，就是各种跟他过不去。所以，几乎不会发生这种事情。

我不止一次看到过这样的情形，董事会批准了一项交易，随后有的董事就会说："你知道吗，我真不觉得那是一笔好交易，可是我们又能怎么样呢？"显然**应该有一种更好的机制**，但我也不确定它是什么样的。不管怎样，都应该有一种更好的机制，**让董事会能够站在股东的角度上做出一些重要的决策**，因为有时候首席执行官的考量跟股东们的考量并不相同，即便这位首席执行官是一流的。这些考量可能是经济层面的，也可能是非经济层面的。

理想的机制应该是这样的：董事会能够做出独立判断，但在方式方法上又不会让首席执行官难看，不至于导致首席执行官被迫辞职或者在自己的团队面前丢脸。如果有人想聊聊这个话题，我很欢迎。

就薪酬问题而言，一流的首席执行官跟股东之间也可能产生冲突，我虽然也觉得他们的薪酬有些高了，但这个问题远没有另外两个问题严重——找到正确的人和收购问题。我也觉得高管们的薪酬让股东们付出了一些不必要的成本，我也觉得很多薪酬方案不合逻辑，但我并不认为他们的薪酬已经高得离谱了。

诺尔斯：我想对巴菲特先生提出的两个问题做个回应，因为这两个问题都很有用。我认为有一点是很清楚的，那就是要在问题出现之前确保流程到位。绝大多数律师都明白这个道理，而且也会这样告诫自己的当事人。在一些不错的公司的治理标准中都能找到这样的流程，比如美国教师退休基金会的标准以及通用汽车的标准。

关于第二个问题，我认为**美国的企业文化和法律并不能画等号**。我们曾经做过一个试验，对比有关“独立董事”的各种定义，法学院的学生们都可以把这个词语当论文来写了。纽约证券交易所有一个定义，美国教师退休基金会有一个定义，美国法律协会也有一个定义——大家对“独立”的界定各不相同。可是，没有一个定义考虑到这样一个事实，那就是人是社会性的动物，人的很多价值观是法律无法考虑在内的。

看看这些定义吧，没有一个包括以下内容：两名或多名董事可能同在一个慈善委员会任职，或者他们的配偶在同一个慈善委员会，或者他们都曾是童子军的领队，或者他们经常在一起打高尔夫球。所以，我认为独立的标准只能把一些有限的价值观考虑在内，我们可以遵循这些标准、坚持这些标准，但我们绝不能忽略“人性”这个要素，不能过分依赖法律来约束这些风险。

米尔斯坦：说到收购和合并，人们好像普遍认为，如果董事会了解公司的业务——目前这种情况还非常少见，但如果董事会真的了解公司的业务——顺便说一下，理念灌输和了解业务是全美公司董事协会强烈推荐的做法——然后深入参与战略规划和业务计划的拟订，紧急收购和突然冒出来的“好主意”就不太可能提交到董事会了。因为，如果一个董事会的确参与拟订了一个明智的战略规划和业务计划，那一定是提前规划好了要做的事情。如果董事会决定——董事会和管理层一起决定——收购一家公司，那肯定是提前规划好的，肯定不是昨天突然出现然后今天就要投票的事情。

巴菲特：我想说**很多愚蠢的收购都是以战略规划的名义完成的**。如果一个董事会通过非常复杂的过程详细审阅了一份战略规划，我就会变得非常谨慎，因为很可能出现的情况是这样的：他们对这个规划投了支持票，然后管理层就去收购了，出现问题后，管理层就会跑回来说“可是我们是依据战略规划做的啊”。

米尔斯坦：你的基本观点是说扩大公司规模并不是重点，我希望每个人都能相信你的说法。但现实就摆在这里，所以规模依然很重要。规模跟薪酬、商务机、飞机都密切相关——所有美好的东西都是大公司才有的。如何说服大家，这并不是正途，我想这个问题还是留给你吧，毕竟你拥有那么辉煌的投资业绩呢。

巴菲特：说到滥用喷气式飞机和薪酬——我们很快就有飞机业务了，所以我还是谨慎点吧，（笑声）我在开会时可能会气得脸色发紫。（编者注：当时伯克希尔正在收购飞行员训练机构——飞安国际。）但说到底，**愚蠢的收购会让股东们付出比所有这些东西大得多的成本**。

*****

黛博拉·德莫特认为，关系投资要想取得预期成效，少数大股东必须担任其他股东的受托代理，但无论是从现行法律层面还是实操层面来看这都不太可行。他还顺便提到，人们经常把伯克希尔视为关系投资者的典范。

巴菲特：我可以发表意见吗？我完全同意黛博拉的说法。据我所知，无论是在书面材料中还是在股东大会上，或者在其他任何场合，查理和我都从未用“关系”这个词形容过我们的投资策略。查理，你记得我们用过吗？

芒格：没有。

巴菲特：我们可不是那么看自己的。我们会说我们试图买进的业务不仅要有出色的经济状况、要由诚实能干的人经营，而且价格也要公道。我们购买的股票非常有限，可以说我们的投资非常聚焦。但在我们的投资策略中，**关系根本就不是主要考虑因素**。

我们的投资金额通常比较大，因为我们有很多钱。我们购买的股票种类非常有限，这是我们要考虑的一个方面，而且我们会持有很长一段时间，所以我们也逐渐会认识公司里的人。

但我们从来没有用过那个词，我不知道第一次看到它是在哪里了，但可能是在某些基金的营销活动中，他们装作是在复制我们的模式，但事实上压根儿就没从我们这里复制任何东西。（笑声）我觉得这可能是那个词的源头。其实我们可没把自己跟这个词联系在一起。

我们要寻找的投资对象跟我们几十年来物色的对象完全一样。当我们的基金规模还非常小的时候，我们寻找的投资对象就已经是这样的了。我们在20年前买进股票的时候，种类就非常有限。我们当时可没能成为那些公司的大股东，可不像现在这样，因为当时我们没有太多资金。我们倾向于跟这些公司保持同样的关系，或者说没什么关系——有些公司的管理人员我们从没见过，但另一些公司的管理人员我们却可能非常熟悉。

但我想这个词的意思可能跟我们所做的事情不太一样。此外，我认为人们跟我们扯上关系可能出于商业利益上的考虑，因为他们试图宣传的东西可能涉及巨大的管理费用。（笑声）

但在一般人看来可能没什么两样，不过我完全赞同你的说法。查理应该有话要说。

芒格：我不认为真有关系投资这种东西。我敢打赌，**真正的关系投资事实上并不存在**。杜邦投资通用汽车这样的例子非常罕见。表面上看我们跟他们有点像，没错，是有点像。他们也是长期投资，而且计划发挥建设性作用，但我不认为他们投资的目的是买了汽车卖油漆，虽然他们的确卖了一些。我认为杜邦进入后，通用汽车变得更好了——好很多。

但在硅谷，关系投资可就多了去了，大量的风险投资基金进入高科技领域，比比皆是。我想他们也希望发挥建设性作用，但如果他们不喜欢事态的进展，他们就会采取行动了。他们要面对的法律问题可比我们复杂多了。他们更感兴趣的是出售少量股份或者买进更多股份。他们面临的问题可比你们谈论的问题多多了。

巴菲特：他们更关注退出策略。如果你更关注退出策略，那你就会面临更多的法律问题。我们寻找的是没有退出策略。一旦进入了，我们永远都不想退出，我的意思是说它非常简单。如果你既表现积极同时又在寻找退出策略，那你就会面临更多的问题，也会遇到更多的矛盾和冲突。

当前的评论

“选股和组合管理是投资成功的关键。巴菲特普及了‘聚焦投资’这个概念，这是一种投资组合管理方法，投资者会把自己的赌注全部押在长期来看最有可能跑赢市场的那些股票上。”

——罗伯特·哈格斯特朗

埃德·基奇：黛博拉，你曾试图以伯克希尔的投资组合为背景应用或讨论过一个模型，在这个模型中，控股股东会作为其他股东的代理人，随后你明智地发现，在现行的法律体系下，这种模型根本就不可行。但让我吃惊的是的确有一家公司做到了，它的控股股东已经肩负起为其他股东代言的责任，这家公司就是伯克希尔·哈撒韦。因为巴菲特写给股东的信中一再提到“对其他股东而言我们就是合伙人”，既然如此，这就构成了一种合作伙伴关系。那么，就伯克希尔·哈撒韦本身而言，你是否认为控股股东的确承担了你所说的那些责任？

巴菲特：我会丢下其他股东不管，然后高价出售自己持有的控股股权吗？

德莫特：我认为埃德的说法受到了两种不同回应的影响。就合作伙伴关系的案例而言，人们会声称合作伙伴关系存在的目的就是诱使其他人去做一些事情，最常见的就是授信。我不太确定这是不是伯克希尔·哈撒韦的报告带来的结果……

基奇：这些都是书面的，而且的确是在诱导人们去购买和持有伯克希尔·哈撒韦的股票。

德莫特：我们也知道，现行的法律并不要求出售控股股权的人跟其他股东分享溢价交易所得——只有极个别的情况例外。

基奇：据我所知，还没有另外一家公司的控股股东真的跟其他股东说过我们是合作伙伴。

巴菲特：如果你想过自己可能会那么做，那简直就是疯了。这是显而易见的。这会让你后面的所有实际案例都不再那么有说服力了。因此，如果你想以任何方式占其他股东的便宜，你肯定不会到处跟人说我们是合作伙伴或合伙关系之类的

艾拉·米尔斯坦、沃伦·巴菲特、桑迪·戈特斯曼、大卫·鲁登斯坦

话，因为这么做肯定得不偿失啊。（笑声）

芒格：如果你说法律并不要求控股股东分享溢价交易所得，在只看部分案例的情况下，我觉得你说的可能是对的。但我想到了几个很可怕的案例，控股股东把股权以高价卖给了众所周知的骗子或者名声不好的家伙，因为对方（买主）将要采取可怕的行动，这也是他愿意出高价的原因。如果我还是律师的话，我很愿意接一个这样的案子，而且得按条件收费。我可不觉得这是一种安全行为，因为我觉得最基本的法律也不会说你可以为了高价把公司卖给任何一个骗子。

金融与投资

比尔·巴顿谈到了股利和再投资政策，也评述了旨在改善欠佳的股利和再投资政策的各种策略，其中包括强制分红、强化股东监督和加强信息披露。

巴菲特：大约12年前，在伯克希尔的年会上有一次投票，投票并不是股东委托书的正式组成部分，却是随着委托书一起分发的。我们要求股东们就各种不同的股利政策进行投票。股东们的响应非常热烈，我们可能给了他们三个或四个选项。你会建议上市公司那么做吗？

巴顿：这个问题很有趣。你在建议用民意调查的方式给管理层传递信息啊。这种做法很让人期待，我觉得这么做没什么问题。

比尔·克莱恩（Bill Klein）、林恩·斯托特、拉里·坎宁安、查理·芒格、鲍勃·汉密尔顿（Bob Hamilton）、比尔·巴顿（Bill Bratton）

巴菲特：这种调查大概也是一种委托行为，而且可能——是很可能——附有管理层对建议路线的看法。我们没这么做，但多年来可能给出了不少暗示。（笑声）我很想知道，你觉得标普500中的那些公司通常会怎么做？此外，你觉得他们的做法会带来行为的改变吗？或者你觉得这是一件好事儿吗？

坎宁安：那次投票的结果如何？我猜想股东们很可能会说你们现有的股利政策非常不错，执行得也很好，而且会说伯克希尔的政策就应该是这样的。

巴菲特：没错。参加调查的股东都是自愿的，至少那些能看懂英文的股东们是自愿的。（笑声）我们还在同一份问卷中就公司的慈善捐助项目进行了调查。我们很想知道股东们对老政策有什么感觉。我们向他们说明了拟定股利政策的原因，但从某种程度上来说，我们的目的是向他们传递一个信息，那就是我们觉得已经把问题都想清楚了。

我们给了他们一个无股利和低股利的（可供分配利润的20%）选项。查理和我的投票不计算在内。如果按股票数量来说，我觉得有93%～94%的股票投了赞同票；如果按股东数量算的话，大概是90%赞同我们的不分红政策。这可是自愿投票啊，所以没什么值得怀疑的。

不过，另外一个问题更有趣，如果一家公司拿出三分之一左右的利润分红，投票的结果又会怎么样呢？如果你让股东们在三分之二和零之间选择呢？

就我们投资的公司，我想说明一点，那就是我们对他们的股利政策没有影响，我们也一直努力不去影响。我们就没尝试过要去影响他们，事实上，可能是20年前有一个例外，或是25年前。

布拉德·里德（Brad Reed）：（对着主持人芒格说）你能描述一下西科公司的股利政策吗？另外，你能不能简要谈谈现金股利和股票回购的相对效力？

芒格：西科的股利政策是由中小股东的偏好决定的，至少是那些邀请我们投资的中小股东，所以，我们只要遵从少数中小股东的意愿就好了。现在你可能会说“真够古怪的”，是的，你说得没错。

至于普通股回购，如果股票的内在价值大于你的现金收益，那当然是把它作为公司资金使用更具吸引力。相反，如果你能为资金找到更好的使用方式，并带来比股票回购更大的价值，那当然就应该用作其他目的了。

一切的选择都是基于机会成本做出的，机会成本实在是太简单了。如果你打算做一笔新的投资，那么这笔新投资的机会成本就是你可能遇到的下一个最佳选择。其实，生活也是如此，你大可以好好去过自己的生活，而不是在这里听这些莫名其妙的话，（笑声）我能说的就是那样的生活才更美好。

巴菲特：顺带说一下，在伯克希尔，有三四家子公司我们拥有80%以上的股权，其余的少数股权掌握在少数人手里，西科的情况就不一样了，是少数的股权掌握在很多人手里。在这两种情况下，我们都会告诉那20%或者更少股权的持有者，公司的股利政策由他们制定、他们说了算。就股利政策而言，我们不会受到税费方面的影响，但他们会有税费方面的问题。他们要考虑的因素非常多，比如家庭啊什么的，所以他们负责制定股利政策。

实际上我们是这样说的：“如果你加入我们，并且保留公司20%或者更少的股权，相对我们而言，股利政策对你们来说更重要。”这是因为，如果我们把多余的钱留在公司里，而这些钱不能有效地用于发展公司的业务，那就只能用来投资，而投资产生的利润要向州政府缴纳更高的所得税，此外还可能给我们带来其他不利影响。但我们会说，我们愿意跟他们达成一致意见，这种做法在某些公司已经坚持15年了，我们还会继续坚持下去。不过，我们并不会每年都讨论什么样的股利政策对伯克希尔·哈撒韦来说是最有利的。

芒格：在你的经济模型中根本就找不到这些东西。（笑声）

当前的评论

“看看负利润是否会影响伯克希尔的股利政策将会很有意思。”

——沙恩·帕里什

比尔·克莱恩：总体来说，要考虑的就是机会成本，但这会让我们不禁想到一个问题：谁的机会成本？机会成本是一个抽象的企业概念吗？如果是，那至少要基于一个主观的推测，至少是假设，也就是说，伯克希尔·哈撒韦将会保留所有收益，然后从各种不同的投资选项中做出最佳选择。不过，随后你就可能会问了：“哦，等一下，为什么我们考虑的是伯克希尔·哈撒韦的机会成本，而不是股东们的机会成本呢？”

芒格：因为我们是在经营伯克希尔·哈撒韦啊。

克莱恩：没错，不过你们也有权决定把钱分给股东们，然后让他们自己决定如何使用。

芒格：如果要那么做，我们会告诉你的，都会写在巴菲特的信件里。

巴菲特：如果一美元的留存收益创造的市场价值大于一美元，那么他们可以选择把所有股利进行再投资，从而获得更大的回报，这种回报显然大于我们直接把现金分给他们，让他们自由选择投资机会得到的回报。

芒格：虽然没人问到临界点问题，但在伯克希尔我们设定了一个临界点。我们说的临界点就是，**当一美元的留存收益创造的市场价值小于一美元时，我们就开始分红**，而不是继续留存收益了。那就是我们的临界点。

巴菲特：我们的分红额可能会超过收益的100%。

芒格：你说得一点儿都没错。

提问：在我看来，伯克希尔的股价长期以来都被严重低估了，而且公司的负债水平非常低。在过去的这些年里，伯克希尔为什么不回购股票呢？这看起来是一个不错的选择啊。是不是其他机会更好呢？

芒格：如果你看看其他机会，就会觉得它们看起来都不错啊。（笑声）如果以1973年至1974年为例，我会说我们从其他地方买入的股票都非常出色。

巴菲特：我们其实希望你能举一个最近的例子，查理。（笑声）

芒格：最近从其他地方也找不到那么好的机会了。

当前的评论

“在过去50年的大部分时间里，伯克希尔的股价都被低估了，经常都不到账面价值的两倍。如果把它跟一个等价收益率的债券相比——一个利率为19%的息票，其交易价格通常高于票面价值的两倍。为什么伯克希尔的股价并非如此呢？原因之一，几乎没有投资人认为伯克希尔可以永远保持这样的增长势头。更糟糕的是，很少有人真正理解‘浮动’或者递延所得税的力量，这无疑会让大家低估伯克希尔的内在价值。考虑到伯克希尔当前的巨大规模，19%的息票率显然太高了，但即便如此，在现在的低利率环境下，伯克希尔的股价依然低于内在价值。伯克希尔的股价依然是被低估的。”

——马克·休斯，拉菲特投资公司

当前的评论

“如果从开始计算，到今天伯克希尔的投资回报率已经非常高了，公司从中也受益匪浅。这要归功于早些年的高投资回报率，因为当时涉及的资金量相对较小。随着伯克希尔不断发展壮大，其投资回报率会越来越接近市场平均值。但从开始至今的投资回报率计算方式得益于一个事实：计算的是年度回报率的平均值，并没有基于伯克希尔管理的资产总量进行加权。我个人的观点是：管理这么大的企业能不出现较大的亏损就非常不错了，但更令人印象深刻的是，伯克希尔能够持续跑赢市场平均值。”

——埃德·基奇

*****

拉里·坎宁安对现代金融理论进行了阐述，并把它跟巴菲特的哲学进行了对比。芒格主持了小组讨论，并对教授现代金融理论的有效性提出了挑战，用他的话说，现代金融理论就是“琐碎的废话”。

芒格：假设我正运营一个养老基金，而且每年都有现金净流入，这是一份持续很长很长时间的责任。我做出了一个决定，弄一批电脑过来，通过程序让基金持续投资那些风险非常高、波动非常大的股票。我的计算机会年复一年地这么做，一直持续20年。20年后，基金的表现能比股票市场的平均表现高出两个、三个、四个、五个百分点吗？能还是不能？（笑声）

卢·辛普森：查理，我觉得你提出了一个非常有趣的问题。我知道自己的回答是什么，但我也很想知道你的回答是什么。你在一个黑匣子里运营一个高风险的股票组合，而且运用了学术上对波动性的所有衡量方法。20年后，当你汇总结果时，你觉得结果会是什么样的？

芒格：如果你谈的是伯克希尔，我觉得最终的结果要比我们用自己的方法取得的成绩逊色多了。我非常怀疑那么简单的策略是否就能带来巨大的优势。在我看来，如果人们相信会带来巨大的优势——在20年或30年的时间里每年都高出平均值两到三个百分点，那他们也应该相信牙仙的故事。

提问：（继续问芒格）你一直在谈应该教授什么——把巴顿教授谈的东西称为“莫名其妙”，把坎宁安教授谈的东西称为“纯属瞎扯”……

芒格：顺便说一句，我喜欢这两个家伙。（笑声）

提问：（继续）你自己也上过传统的法学院，然后成了一名非常成功的律师，这么多年一直在跟巴菲特先生共事。

芒格：这不会带来什么积极的伤害。（笑声）

提问：（继续）那么，你觉得应该教授什么呢？你说过伯克希尔的做事方式跟这些理论都不一样，这些理论都在试图提出某种教学模型。那么应该教什么？

芒格：你面前有150页材料，那可都是我们花了很大力气做出来的。（编者注：研讨会的参会人员都拿到了一份150页的材料，里面都是巴菲特写给伯克希尔股东们的信，这些信后来被编辑成书出版，书名为《巴菲特致股东的信——股份公司教程》。）

埃德·基奇：作为一名教职人员，我得为那些琐碎的事儿说句话。在给学生们上课的过程中，经常有学生跟我说他们学到的最重要的东西，我发现，他们说的不少东西在我看来都是很平常的，但对他们来说却很新奇。我记得自己上学的时候，当听说拆股对股东们而言并不是一件重要的或有利可图的事情时，我觉得受到了很大的启发。这的确是一个很平常的命题，但如果你从来没听说过，有人能告诉你还是很重要的。

芒格：我同意这种说法，而且我也认为，伯克希尔的大多数做法也都用到了这些浅显的知识。事实上，由于我们实在太关注基础知识了，所以我们才……

基奇：那你会不会建议我们的学生说，如果他们能够聚焦我们教授的基本要点，最终他们也能挣到几百万美元呢。（笑声）

芒格：没错。（笑声）我觉得应该这样回答："如果你能够掌握重要的基础知识——透彻理解这些知识并不是什么难事儿，至少对于最优秀的学生来说不是难事儿，而且能够将跨多门学科的基本要点融会贯通。总有一天，当你走在街上的时候，你会发现自己绝对是同龄人中的佼佼者，就连那些思路更加敏捷并且工作更加努力的人也根本没法跟你比。”所以，没错，一定要教授那些最重要的知识点。鉴于这些知识点太显而易见了，所以如果它们足够重要，你们可能还得多说几次。

比尔·阿克曼：如果你关注的不是证券价格的波动性，而是业务的波动性，那么波动性的确是一个很好的风险衡量指标。举例来说，如果你看一看伯克希尔投资的业务——比如吉列或者可口可乐，他们的经营模式都是坚不可摧的，这些业务

比尔·阿克曼

都蕴含着深层的经济学原理，而且波动性都非常小。如果关注的是持续盈利性，那我觉得波动性是一个很好的风险衡量指标。问题是，关注证券价格的波动性并不是衡量风险的好办法。所以，我觉得应该对模型进行调整，应该关注业务背后深层的经济学原理，而不是每日的股票交易价格。

坎宁安：没错，这就牵涉到有效市场假说了。如果有效市场假说是真实的，那么潜在的业务波动性和股价波动性之间就存在直接的联系。

芒格：很多的混淆是不是这样来的：在被引入金融领域之前，"风险"这个词有一个大家公认的基本意思，可现在人们说的风险并非传统意义上的风险，他们的意思是波动性。

当前的评论

"来自沃伦和查理的十大教训之一就是要理解业务波动性和股价波动性的区别。随着时间的推移，学术界以有效市场假说的名义绑架了这两个术语。作为商人，沃伦和查理从未向象牙塔里的理论家们低头，这让一切都大不相同了。"

——罗伯特·哈格斯特朗

拉里·坎宁安、查理·芒格

坎宁安：是的，他们的意思是股价的波动性，而不是业务的波动性。

巴菲特：在用β系数衡量波动性的时候，或者说相对波动性，或者就干脆叫作风险吧，他们应该在整个学界讨论β系数的时候直接说“相对波动性”。我想这会带来一个截然不同的争论局面。

坎宁安：我觉得是这样，而且我觉得这又回到了——最终回到了——那个关于效率的故事：股价能够充分而精确地反映有价证券的所有相关信息。

芒格：怎么可能有人真相信这种说法呢？你可以相信重要

的变量大致如此，但怎么可能有人相信完全是这样呢？

坎宁安：正因如此，支持者们才把这个**效率故事**分为了三种版本：强势版本、半强式版本和弱势版本，而且有很多人相信半强式版本。

芒格：我们相信弱势版本。

当前的评论

“伯克希尔的投资行为一再证明，**了解业务波动性和股票市场波动性之间的区别非常重要**。比如说，在2008年开始的那场金融危机中，虽然很多公司都瘫痪了，但伯克希尔依然做了很多有利可图的投资，其中包括投资美国银行、通用电气和高盛。”

——拉里·坎宁安

*****

鲍勃·汉密尔顿仔细研究了伯克希尔在1996年做出的资本结构调整。当时伯克希尔的股价每股超过三万美元，一些信托基金试图通过拆分股权的方式吸引投机者购买伯克希尔的股票，为了挫败这种企图，伯克希尔推出了新的B股。B股虽然只有部分的投票权和经济收益权，但能以较低的价格进行交易。汉密尔顿阅读了招股说明书中披露的信息，包括巴菲特和芒格发表的警戒性声明，他们声称伯克希尔的股价并没有被低估，他们也不会以当前的价格购买伯克希尔的股票。

芒格：这是个很有趣的故事。你可以说它证明了一条重要的法律原则：你肯定不想让法官去管理监狱或者美国公司的具体运作等事宜，但对于某些达不到特定标准的可怕行为，你还是希望法官或者立法机关能够出面予以干预。

在干预点和最佳行为之间应该存在一个很大的空间，你也需要这么一个空间，在这个空间里发生的行为还都是合法的，所以法院肯定不会干预，但这里的很多行为却可以比最低的标准好很多。我想说，这份招股说明书就是一个例子，它代表的行为要好于文明的最低标准，从这个意义上来说，任何人想把它作为案例讲给法学院的学生或者其他人听，我都会加以鼓励。

提问：说到股票的定价，如果巴菲特先生不在了，会对股价产生什么样的影响？你觉得伯克希尔的股价会有何反应？

汉密尔顿：肯定会有影响，这是肯定的，而且可能是一种非常负面的影响，至少暂时会这样。

芒格：我们中有一个人不喜欢深入探讨这个话题。（笑声）

巴菲特：对我的影响要比对股东们的影响更负面吧。（笑声）

*****

林恩·斯托特解释了股票市场的一种行为模型，在此模型中，不仅有纯粹理性的行为者，还考虑到了评价和信仰各不相同的多种参与者。

芒格：在有些人看来，由于人类存在特定的认知缺陷，所以可能出现效率低下的情况（即定价偏差），林恩，对此你怎么看？

斯托特：他们是对的。

芒格：我当然也认同他们的说法，那么这是不是意味着，如果你想预测不合理性的标准模式，你就必须听听心理学家们是怎么说的？

斯托特：这就涉及数学家出身的经济学家和自然科学家出身的经济学家之间的对比问题了。传统意义上的有效市场理论曾达到过其发展的顶峰，原因之一就是有一群经济学家真想成为数学家，这套理论假说给了他们一个摆弄希腊字母的机会，也给了他们一个表明自己是出色的数学家的机会。

在这个过程中，他们忘记了自然科学家的使命，那就是你要提出一些真正具有预见性的模型，这些模型真的可以预测出世上将要发生的事情。如果你真想提出这样的模型，那么没错，我们是应该听听心理学家们是怎么说的。

芒格：很多荒唐的念头都源自心理现象，有句谚语能够很好地说明这一点："手握锤子的人，看什么都是钉子。"

比尔·阿克曼：关于机构和个人利用指数基金的讨论我们都听过很多。但随着指数化投资的不断增加，如果你把指数基金经理们想象成一台真正的电脑，然后基于股份进行投票，就会有更多的股票被不关心具体企业的个人持有，他们追求的只是平均水平的回报，这无疑会造成更多重大的社会损失。结果就是资本的指数化程度越高，标普500公司的价格就被抬得越高，资金的配置就会变得越来越糟糕，这甚至会对公司所有者的表现带来不利影响，因为有些公司的投资价值明显被高估了。

芒格：你说得显然没错。从逻辑上来说，如果你把指数化推到极限，就会得到一个荒唐透顶的结果。

斯托特：可是，实际情况下，指数化的股权资产还不到总额的30%。

阿克曼：那只是官方的统计数字，还有巨额的资产通过非正式的方式被指数化了。

芒格：那叫作主动管理型指数投资——你会保留费用，但交付指数。

戈登：不过指数化跟糟糕的公司治理之间没有必然的联系吧？加州公共雇员退休基金（CalPERS）就是一个规模巨大的指数基金，但在公司治理方面表现得非常活跃，因为它的说法是："我们不会出售股权——我们是要长期持有的。"他们的理念倒是跟查理和沃伦的有点儿像。他们说："我们是要长期投资的，所以我们必须关注那些表现不佳的公司，然后看看如何才能帮助他们管理好自己的指数基金。"

所以，事实上有一种说法，**通过指数化的金融中介机构出售股权**反而是一种更有效的公司治理方式，因为个人持股会让公司治理干预面临难以解决的集体行动问题。

芒格：嗯，女士们，先生们，你们刚刚听到了一个非常缜密、无比正确的观点。

奥斯特勒：快速回应一下林恩·斯托特对收购溢价的看法。第一点，假设你是正确的，最终的收购溢价是由超边际股东决定的，但你最终面对的依然是一个收购价格——超边际股东的收购价格，结果还是每个人都能得到一笔可观的意外之财，所以即便依据你的理论，整体的社会收益还是正值。

第二点，超边际股东为什么那么乐观——我觉得你是在做循环论证。他们之所以那么乐观，可能跟他们相对于收购方的议价能力有关。如果我是超边际股东，而且相信我们能够把收购方的钱给榨干，那才是我感到乐观和要求加价的原因。所以，你的论证没有什么说服力，我觉得你是在循环论证。

当前的评论

“正是芒格教导了伯克希尔要始终关注决策中的认知缺陷蕴含的风险，这就是目前广为人知的行为金融学。如果你想彻底了解定价误差的根源，那就好好学习，听听心理学家怎么说。”

——罗伯特·哈格斯特朗

斯托特：就收购方和目标公司之间的斗争而言，我觉得有一个理性预期在里面，而且我觉得你说得有道理，一旦目标公司知道收购方对他们感兴趣，这种预期在一定程度上就会导致目标公司的价值出现膨胀。但是收购方还有其他选择，而且目标公司的股东们也知道收购方不可能一直加价。虽然这是一种反馈机制，但还算不上是循环论证，只不过是多了一个因素，但并没有破坏基本的论点。

我同意你前面的说法，如果收购方事实上接受了最乐观股东提出的溢价，并以这个价格向目标公司的所有股东支付，那显然能够带来可观的社会收益，至少从事先分析的结果看是这样的。

让我感到困惑的是一种不太常见的情况，这种情况非常有趣：收购方支付的并不是最乐观的投资人给出的保留价格，而是**第51百分位数的投资人给出的保留价格**——这个价格显然高于保留价格曲线的前半部分。那么，位于曲线前半部分的人大多都是受益者。不幸的是，按照传统的合并规则，位于曲线后半部分的人也只能接受这个价格，虽然在他们看来，这个价格非常低。那么，如果价格设定在第51百分位数，衡量整体收益就变得比较复杂了，对于这种情况我还完全不能理解。

芒格：如果你有一家单一股东的公司，然后他举行一次竞拍，你觉得最终拍出的价格会高得离奇吗？

斯托特：赢家的诅咒？

芒格：是的。

斯托特：会。

芒格：但那跟你的解释完全无关啊。

斯托特：有关系。除非假设人们有不同意见，否则赢家的诅咒不可能出现。我之所以支持异质预期理论，是因为从某些方面来说，它是一种很有用的方式，能够让人们开始关注赢家的诅咒这样的现象。

芒格：如果已经有很多收购者参与竞争，难道你还看不到赢家的诅咒吗？一个人会说："毕竟另一个家伙已经觉得它值100美元了，而且我已决定了要买，那我为什么不出101美元呢？"然后另一个家伙就会想，哦，他都觉得值101美元了。难道这不是一个心理过程吗？它带来了巨大的社会认同，也带来了很多愚蠢的行为，这些行为跟正常的供求曲线真没什么关系。

斯托特：我个人是对苏富比（编者注：拍卖会）敬而远之的。

芒格：你是害怕那些心理因素导致的愚蠢行为吗？

斯托特：是的。

芒格：我们也不去拍卖会。

芒格：林恩，假设你在打桥牌，而且你宣布说自己的策略就是只计方块和红心，不计梅花和黑桃，你觉得这是理性的打牌方式吗?

斯托特：在这方面我可完全处于劣势啊，因为我一直忙于计算希腊字母，根本没时间去学桥牌。但我觉得它可能跟其他牌类游戏比较像吧，如果那么打的话，我觉得并不明智。

芒格：如果这个世界就是多种学科的综合体，仅仅用经济学术语解释这些事情而丝毫不考虑心理学因素，明智吗?

斯托特：做什么工作都需要使用恰当的工具。

芒格：但现实不就是多学科的嘛，所以你必须借助所有学科的工具去解决复杂的问题啊。

斯托特：没错，但也得乐于挑选看起来最有用的工具。

芒格：可你总不能到了一个地方才说“我没带那个工具包，只能用手头的工具尽量做好”吧？这可不是很明智的做法，对吧?

斯托特：我有罪。

芒格：我们都有罪。

戈登：不过查理，最终你不能指望你的股东们去问他们自己是否开心吧，你会让他们去看盈亏情况。《巴菲特致股东的信》始终在传递一个信息，那就是要从根本上关注经济状况对运营公司的影响。在这种情况下，当心理学因素出现时，就应该尽量去规避它、驱散它，或者希望自己能够耐心地等它的影响慢慢消失。

芒格：让自己不去监督一大帮下属经理人、驱散心理学因素，用什么方式啊？

戈登：你当然是在跟人打交道，但在做投资的时候，在决定购买之前，你难道不会先把心理学因素排除掉吗？

芒格：是的，我们不去拍卖会。我跟林恩一样，我也害怕自己会做出什么愚蠢的行为。

当前的评论

“查理告诉我们，要解决复杂的问题，就要从多个学科角度进行思考。被引入投资界的学科思维模型可能是查理对个人投资者做出的最大贡献，这些模型能够帮助个人成为更出色的投资者。”

——罗伯特·哈格斯特朗

合并与收购

*****

1985年时，巴菲特发表评论说要把是否出售公司的最终决定权交给股东，但最近的几个案例显示，法院提到了董事出售公司的决定，尽管董事的独立性尚且存疑。对话伊始，戈登教授问巴菲特对此怎么看，同时还提出了以下问题。

戈登：我还有其他两个问题要问沃伦·巴菲特。第一，在公司面临恶意并购的情况下，你是否依然对董事们的独立性持怀疑态度？如果是这样，你如何看待特拉华的法理学研究以及最近的公司法改革？第二，目前的合并和收购活动非常活跃，达到了前所未有的高度——大多都是通过换股交易完成的，对此你是怎么理解的？我记得你表达过对赌场社会的担忧，而且觉得这可能会造成股票的贬值。

巴菲特：你提到了我在1985年发表的观点，我想说那些观点跟我现在的立场依然非常接近。我的意思是说，我的心依然属于股东。我觉得用谈判价值进行交易是有问题的，1974年的情况就是个例子，当时我知道的所有公司都是以谈判价值的一半或者更低的价格出售的，而且最优秀的公司也是如此，同时每个股东的行为也的确是在为自己争取合理的利益。那种情形让我感到非常困惑，我也不知道为什么会那样，最后，我还是站到了股东这边。

我认为，在面临主动要约收购时，董事们几乎不可能做出

戴尔·奥斯特勒、吉姆·考克斯（Jim Cox）、拉里·坎宁安、杰夫·戈登、查尔斯·雅布隆

独立的判断，所以，他们也很难给出最佳的解决方案。不过查理很可能比我更熟悉这些案例。

芒格：沃伦和我看法不同的情况非常罕见，这的确是其中之一。我倒不觉得在美国允许出现大量的并购有什么不妥。如果说一个普通的小家庭拥有一家剧院，那当然得由股东们决定是否出售这家剧院，对此我完全赞同。不过，一旦收购和大量聚集涉及很多大的社会机构，考虑到特定的法律，我也会比较担心。所以，我觉得文明社会还是应该通过立法来预防这种情况出现。

当前的评论

“沃伦和查理就商业政策表达不同的观点可是很罕见的，这一点非常值得注意，特别是考虑到他们的政治立场差异，沃伦略微中偏左，而查理略微偏右。他们在伯克希尔的收购决策方面出现分歧的情况还更多一些，查理否定了沃伦认可的很多想法，沃伦还因此给查理起了个绰号，叫作‘老唱反调的家伙’。不过，沃伦也经常暗示这些分歧非常有价值。”

——拉里·坎宁安

提问：你觉得大部分股东有能力评估出售公司是否合适吗？比如说，如果你看一下资产负债表，就会发现固定资产的账面净值是按固定资产的成本减去累计折旧计账的，这跟当前的市价有很大出入，或者你看一下损益表，还有很多其他因素。对大多数人来说，准确评估公司的价值都是有困难的。在我看来，数百万购买股票的股东只不过是希望股价能够上涨，他们中的绝大多数都没有能力做出恰当的决定。

戈登：我自己觉得，如果因为股东没有能力或者容易上当受骗就拟定一套法律规则，那显然是比较荒谬的——我想从《巴菲特致股东的信》这本书中也能找到支持我这种观点的文字。我们允许人们自由购买股票，并不需要特别许可，那么一般来说，也应该允许他们自由出售持有的股票。既然我们允许股东自由买卖股票，当面临主动要约收购时，即便这些要约违背他们对公司及公司股价的希望和期望，也不应该再因他们没有评估能力去拟定法律规则了，否则在我看来就有点儿奇怪了。

巴菲特：我来做一个假设吧。假设A公司是一家大公司，目前股价是每股100美元。B公司是一家相对较小的公司，当前股价是每股80美元。A公司认为与B公司联合能带来诸多好处，于是就提出想跟B公司进行一比一换股交易。B公司的股东很高兴，因为交易完成后意味着他们持有的股票每股就可以涨

到100美元，所以他们都投票表示同意，投资银行家们也乐于看到交易达成。

再假设两家公司合并后还能带来其他价值。市场对两家公司的评估都是有效的，但两家公司合并后会带来强大的协同优势，所以，有效市场会说合并后的新公司的股价值每股102美元——我们随便说个数字啊。

现在，我们来设想一下，假设有一天A公司的董事们正在开董事会，然后B公司的投资银行家们进来了，A公司的董事们说："我们提议用每股A公司的股票（100美元的股票）交换一股B公司的股票（80美元的股票）。”交易完成后，已发行和出售的股票总数并不会改变，两家公司能够实现的业务经济规模也不会改变，很多事情都还跟原来一样。

不过我觉得你会发现，没人会说A公司的股东应该接受这个80美元一股的股票，因为他们持有的可是每股100美元的股票，虽然假定合并后每股会价值102美元，然而已发行和出售的股票总数并不会改变，能够实现的业务经济规模也不会改变，很多事情都还跟原来一样。在这两个情境中，董事们应该有什么样的表现呢？

戈登：在第一个情境中，如果我听得没错，收购方事实上是向目标公司的股东支付超过当前市场价值的一个溢价。

巴菲特：假设合并后的新公司叫AB公司，该公司的股价至少与A公司的股价持平，也就是每股100美元。假定真合并了，而且其他事情也都是真的，A公司的董事们对那个提议应该怎么想？你觉得会有什么问题吗？

戈登：最终，目标公司的股东们拿到的股票在价值上会高于他们目前所持有的股票。看起来董事们接受那个提议也是合理的。

巴菲特：不过我更关注的是A公司的董事们的这个提议。

戈登：你的意思是说A公司的董事们提议用每股100美元的股票交换每股80美元的股票？

巴菲特：是的。

戈登：他们可能会认为B公司的股票价值被低估了，而A公司可能会让它升值。那么，假设合并后会有其他相关的收益，为了让B公司的董事会能够同意这次收购，不按比例分配，合并后公司的收益给B公司的股东们也没什么不合理的。

巴菲特：让我们假设是B主动提出要与A进行一比一换股，这次B成了收购方，而A是目标公司。你认为A公司的董事们会有何反应？所有操作都跟前面的假设一样。

戈登：这种情况有一点不同，那就是A公司的股东们持有的股票每股市值是100美元，但交换的股票市值是80美元，不过预计他们最终持有的股票会价值102美元。这就会让我觉得有点不安了，虽然我知道这每股100美元的股票可能换来价值102美元每股的东西，但事实上我可以确定自己拿到的东西目前的市值就是每股80美元。

巴菲特：你知道没有一两个月甚至更长的时间不可能完成交易，整个过程会涉及股东投票，还要走完《哈特-斯科特-罗迪诺反垄断改进法案》规定的审批流程。我想要知道的是A公司的董事会是否会对同样的交易做出不同的回应。

戈登：如果A公司往前迈一步——我猜你说的就是这个，如果A公司觉得满意，那么A公司的董事会很确定这两种情况的合并都会带来额外的收益。这的确是一个很有趣的案例。（笑

杰夫·戈登

声）问题是可能很难说服股东事实上这两种情况是一样的。

巴菲特：如果是第二种情况，合并后B的名字就改成A了。（笑声）

芒格：沃伦说的第二种情况非常有趣。我把它称为空类，因为它没有成员。（笑声）

巴菲特：但它证明了要么市场是无效的，要么董事们的行为会受到公司所扮演角色的影响——收购方还是目标公司。

费斯：如果你觉得巴菲特先生的第二个假设比较牵强，我想说的确存在这样的情况。最近大通银行和化学银行的合并就跟第二个场景非常相似，有些股东本来持有的是每股100美元的股票，但现在给他们的却是每股80美元的股票。很显然合并能带来协同效应，但收益的分配以及董事们是否应该支持这种分配方法的的确确会引发这个问题。

戈登：我想问问其中一位巴菲特先生。（笑声）我发现内在价值和谈判价值之间还是有差别的，这是怎么回事？我们知道你说的内在价值是什么意思，但你说的谈判价值我就不确定是什么意思了，或者它跟内在价值有什么关联，或者那个谈判价值可能高于内在价值会让你感到不安吗？

巴菲特：谈判价值是说在所有经济学假设和条件都正常的情况下，今天将会发生的交易——有人愿买，有人愿卖，等等。**内在价值可能跟谈判价值相差巨大**。谈判价值代表的是希望和恐惧，内在价值——说实话，没人确切知道它到底是什么。

不过，内在价值是，如果公司本身是一种债券，而且你可以看到从现在到最后审判日之间打印出来的所有息票，而你以政府债券利率把它们贴现回来，因为你知道有一种确定性，就像你确切地知道政府债券贴现后的数字是多少一样。那些数字会各不相同。我想说，目前跟内在价值相对平衡的谈判价值可能要比它们在10年或15年前的价值高，但这是因为我们所处的环境不同了，这只不过是环境的一种调节功能。随着时间的推移，它们也会不断改变。

戈登：但它会让你感到不安吗？从你1985年发表的言论看，你好像觉得要约收购是个问题。

巴菲特：在1974年时，举个例子啊，我可能说过谈判价值如果低于内在价值就有问题了。现在看来，如果谈判价值高于内在价值，对于我们这些购买公司的人来说就是个问题了。但就社会问题而言，事实上，每一名管理人员都会被翻出来——不管他们做的是什么工作，当谈判价值低于内在价值时，他们都会被翻出来。那意味着拍卖市场对资产的定价偏低了——好事儿、坏事儿或是无关紧要，我不喜欢可能出现的结果，因为它可能给我所谓的长期业务管理带来不利影响，会不利于业务管理的有序进行和良性发展。

当前的评论

“伯克希尔的收购策略非常清晰：绝无恶意，通常全部用现金，由于卖方看重伯克希尔文化这个无形资产的价值，包括不干涉公司的管理，承诺永久持有等，所以愿意在经济层面做出让步，结果就是收购价通常低于内在价值。”

——拉里·坎宁安

*****

戴尔·奥斯特勒认为，在20世纪80年代盛行的杠杆式现金收购中，企业狙击手们创造的国家资产被忽视了，他们带来了可观的社会净收益，但由于各种联邦法律和州法律的约束，他们得到的回报比他们应得的份额要少。

戈登：戴尔，我有几个问题。首先，目前公司合并与收购活动事实上处在一个历史性的高峰，但你却认为一系列的限制阻碍了收购活动达到最优水平，对此你怎么解释？

奥斯特勒：我关注的收购方是进行杠杆收购的现金收购方，他们不在这一波高峰中。这些新的收购没有大量的现金收购方参与，也没有用到很高的杠杆。我们看到的都是换股交易，之所以有这么多的换股交易，是因为股票市场正处在一个

戴尔·奥斯特勒

历史性的新高上。对此我的解释是：相对于现金报价，换股交易并不会在很大程度上让收购方处于劣势位置。

因此，只要股价离开高位，我们用股票进行收购就没有优势，到时候杠杆收购会不会在现金市场复苏就看竞争情况了。我觉得换股交易也会让收购方处于劣势地位，只不过程度上没有现金报价方式那么严重，主要是因为《威廉姆斯法案》对这些换股交易并没有什么影响力。

戈登：要把恶意收购方和其他收购方区别对待，因为换股交易的结果是一种平等的合并，事实上，双方的协同还能为第三方的袭击制造障碍。相对于公开市场的竞拍机制来说，第一收购方能够保留更多的收益。所以说换股交易还是挺好的，就算从适当激励收购方的角度看也是如此。

奥斯特勒：这就是你跟我不同的地方。就时代华纳这个案例而言，你担心的是时代，而我惦念的是华纳。如果你站在华纳的角度上看这个问题，你的看法就不同了。此外，换股交易代表一种不同的案例。我认为收购方在换股交易中的劣势并没有那么明显，换股交易通常是法定合并，对股东投票有明确的要求。在这些收购中没有太多的股票要约收购。你谈的是法定合并和现金要约收购的区别，我想那正是影响所在。

戈登：戴尔，我想请你谈谈查理·芒格此前发表的评论，**他担心的是如果不对公司治理进行必要的规范，就可能导致市**

场出现瀑布效应。尽管在20世纪80年代出台了不少法规，可是并购活动依然非常活跃。最终让这些活动停止的可能是垃圾债券市场的崩溃，并非出于监管原因。如果按照你期望的方向发展，会导致芒格担忧的那些社会问题，对此你到底关不关心？

奥斯特勒：查理，我不知道如何解决那样的问题，因为在我看来，瀑布总不是什么好事儿，我想，除非你谈的是河流和瀑布的那个瀑布。在我看来，如果你能够为参与其中的人们创造价值，收购就是好事儿；如果你不能，那就不是好事儿。在任何给定的时间里，数量几乎都是不相干的。

在技术突飞猛进的时期——我想20世纪80年代就是如此，当时很多行业都在飞速发展，在职的经理们却没有跟上这种步伐——你会看到很多收购。在我看来，无论什么时候，你要关注的都是收购的质量，而不是数量。我这么说对你没有不公平吧？

芒格：就拿现在这个时代的案例来说吧。对于横向合并的数量这个社会感兴趣吗？假设股票价格再上涨50%，而且司法部的标准放宽——他们现在就是这样的，他们允许出现大量的横向合并活动。如果你说，我只看股票市场，每次交易后我都能看到股东们拿到的报价变了，所以这带来了很多社会利益，我得说我没听懂。

我认为，社会利益需要更宽泛的计算方法。这个世界想要多少横向合并？讨论这样的问题非常有趣，对此我也没得出一个完美的结论，不过在脑海中我能看到存在的危险。

但另一方面，我看到很多金融推销公司空手挣大钱，而他们的主要贡献就是把一家子公司卖给竞争对手，然后再从另一家子公司挤点儿血出来。社会可能接受这种方式，但也可能不接受。

巴菲特：那你支持哪一边啊？（笑声）

芒格：如果一个人什么也没发明，比如说没能改善工厂或者发明更好的系统，结果却得到了巨额的回报，那么通常来说，我不喜欢这样的社会体系。当然了，你可以说我是在谴责我自己。（笑声）我只能说这几乎是故意的。

当前的评论

“这次讨论用的词是‘推销公司’，而不是金融中介公司，在2016年时更著名的可能是后者。”

——黛博拉·德莫特

奥斯特勒：反垄断问题是真实存在的，不过那是另外一个问题了。不管你是否应该允许同行业内的合并，我们都有一部反垄断法，如何解释这部法律是那些被选出的官员要为我们做的事情。他们可能做对，也可能做错。但在我看来，你的反垄断政策应该对规范收购方和目标公司的收益部门持中立态度，除非你的反垄断政策非常严格，对一个像样的反垄断政策来说，这只能是次优选择。

芒格：那是个不错的想法。

奥斯特勒：我不希望是那样。我还没对反垄断失去信心。

芒格：那你对人性的认识还不够愤世嫉俗。（笑声）

当前的评论

“我依然坚持当时跟芒格先生探讨时表达的观点。我们有很多干涉杠杆收购的法律。这些法律不是要阻止杠杆收购，而是要影响各方利益分配的方式。在收购带来的收益中，拿大头的依然是目标公司的股东。法律并不鼓励收购方，而是鼓励目标公司的董事会花费大量的资源去阻止收购努力以及/或者股东的要求，同时还激发出一个对冲基金行业。如果董事会固执己见、负隅顽抗，就可以借助基金的力量予以化解。由经纪人安排的政府救助出现的概率也更大了。这些对整个社会来说都是损失。”

——戴尔·奥斯特勒

*****

查尔斯·雅布隆探究了企业文化在合并时扮演的角色，他推测巴菲特认为个人性格是企业文化中的一个重要因素，他也提到了当代的一些收购案例，包括时代华纳。雅布隆猜测巴菲特的收购方法与特拉华法律的要求类似，包括董事会的回应也跟时代华纳案例类似，比如拒绝出价更高的全部现金收购要约，选择换股合并或者现金股票各占一半的要约。他把巴菲特想象成特拉华州最高法院的一名法官，并就一个假想的恶意收购场景提出了三个问题。

雅布隆：三个基本的问题：目标公司的管理层会参与一个合理的审议过程吗？他们认为白衣骑士的交易要约能为股东带来更长久的价值，按照已知的以及可以合理预测的经营地位，这个结论有经济上的意义吗？还有，就他们在这种业务状况以及此前的业务状况中的表现而言，目标公司董事会的人是否证明了他们是值得信任的？

除非能够表明这三个标准都得到了满足，且超过我所主张的证据数量，否则巴菲特法官不会支持管理层的决定，也就是说不会抵制出价更高的现金要约。我还主张在这种情况下应用这些标准，我觉得它们并不糟糕，谁知道呢，它们甚至有可能

是特拉华州的法律。（笑声）

巴菲特：权益部分比较棘手，特别是在有纳税股东时，他们在另一半交易中本来可能不需要纳税的。所以，我觉得现金要约很容易决定。我觉得你在有关权益的假想案例中的确加入了自己的判断。如果我是目标公司的股东，我可能倾向于任何一种情况，这要取决于收购方股票的具体前景以及大量股东的计税基础。所以，在涉及权益性证券的案例中，我觉得两种情况都有可能。

芒格：可是，你想让特拉华州最高法院利用其对投资绩效的判断能力做出决定吗？或者你想说，这属于经营判断规则的范畴？

雅布隆：或者你会创造某种强化版的经营判断规则，依据这个规则，特拉华州最高法院可以提出一些盘查性的问题，以便了解管理层是如何通过调研得出结论的。

巴菲特：看过整个过程后，我觉得依靠它会让我担心。（笑声）

芒格：整个过程就是聘请专家，然后依靠他们做出评判，这些专家遵循的原则是“吃谁的面包唱谁的歌”——如果特拉华州最高法院认为这是正确的管理方式，那么，他们错了。

巴菲特：如果有人给我提出了建议而且交易通过了，我应该付他500万美元，那我觉得也应该付500万美元给另外一个

人，也就是建议我不要交易的那个人，但只有在交易未能通过的情况下这个人才能拿到500万美元。（笑声）

戈登：除非，事实上，我觉得巴菲特法官的说法跟你提议的规则是有分歧的，因为我听到他说的是，这件事应该交给股东们去做选择。就目标公司的防守战术而言，我们看到的问题是，事实上一旦涉及法律问题，董事会的决定就是不让股东们去做选择。

雅布隆：巴菲特法官刚才的意思是，有时候股东们的选择并不能确切地发挥作用，因为不同的股东对于同样的要约可能会有不同的倾向。如果多个要约非常接近，那么问题就变成了你是否遵从管理层的决定。

巴菲特：假设伯克希尔面临一个收购要约，我们的股票有将近90%被税基不足每股100美元的人持有。（笑声）他们在权衡两种不同的要约时可能会有不同的想法，一种等同于他们非常乐意继续持有的证券，而且还是免税的，另一种则是溢价5%的现金。

戈登：假设股东们能够选择，那你说得没错。为什么不假定股东们能够做出理性的选择呢？而且这就是问题所在，让伯克希尔的董事会去规避那个选择，依照你的假设，股东们本来也不会倾向于那个选择啊。

巴菲特：如果董事会做出的决定90%的股东都不喜欢，那

查尔斯·雅布隆

可不是我想看到的。他们大概也会采取行动。

戈登：好，在我听来，你的意思好像是说，巴菲特法官会拒绝提议的标准，因为它取代了目标公司的董事们针对目标公司的股东们权衡的因素拟定的一套流程、测验和判断。

芒格：我不确定那是不是完全正确。（笑声）你可以站在收购方的角度再好好想一想，也就是那家提出用一半现金一半股票完成合并的公司。如果说那会自动触发拍卖机制，直接把公司卖给出价最高的一方，那么谁还会参与交易呢？因此，再次强调，如果你认真思考一下一种法律规则带来的后果，你可能就会得到结论，就会知道什么样的规则才是合适的。我认为那些结果是非常致命的。

如果法律规则说，提出用一半现金一半股票完成合并必然会触发拍卖机制——我会认为那样的法律规则简直太傻了，我根本不能确定那就是特拉华州的法律。我觉得或许企业可以进行那样的合并，投票就好了，不管结果是赞成还是反对都予以接受。而且我觉得他可以强迫自己不听任何人的意见，直到投票结束。另一个人可以说："如果你拒绝我们，我们就会提出现金收购要约。"

雅布隆：他们可能必须得听听。

芒格：听什么？

雅布隆：我觉得他们可能必须得听听其他要约是什么样的。

芒格：听什么？

雅布隆：我不认为他们可以强迫自己不听听其他要约是什么样的。

芒格：我觉得他们可以强迫自己让股东们去做决定，在投票结束之前，他们可以对其他任何事情充耳不闻。至少我已经起草过允许那么做的协议。（笑声）

会计与纳税

*****

埃利奥特·韦斯探讨了巴菲特写给股东的信是否容易理解的问题，特别是对学习会计与评估的学生而言，包括是否能够理解这些工具的局限性和延展性。

巴菲特：让我感到困扰的是，除了刚才列举的那些事情，我看到审计人员也在摇旗呐喊。我心里暗想："大的会计师事务所就你们六家（**编者注：1996年时，整个审计行业由六家会计师事务所主导，后来缩减为四家，1998年普华和永道合并，2002年安达信倒闭**），你们必须联合起来，并达成一致意见，不能这么玩儿，不能给整个行业的从业人员脸上抹黑。"要想得到一份更好的财务报告，并不需要审计行业付出多大的努力。可是，他们没能尽到自己的职责，事实上，他们成了同谋。

毫无疑问，作为伯克希尔的首席执行官，我汇报的收入数据一定存在不小的偏差。我不知道如何才能对这些数据进行精准的量化，有些数据稍后会给大家补上，比如说保险准备金。在一家保险公司里，特别是长尾业务，你可以随心所欲地描绘公司的发展前景，因为接下来的那段时间非常长，公司完全有可能并购其他上市公司，也可能进行重大的公开发行。

卢・辛普森：说到现金池和通过技术处理保护现金池的问题，我觉得很多公司认为市场是愚钝的，它们觉得市场根本不会关注公司的实际经济状况，看的只是利用会计准则呈现出来

卡尔文·约翰逊、埃德·基奇、路·洛温斯坦（Lou Lowenstein）、埃利奥特·韦斯、吉姆·里佩蒂

的数据。这么说可能很天真，但我觉得经过一段时间后，市场会看到公司真正的经济状况和收入情况，如果公司觉得它们能够操纵会计数据并让市场相信这些数据，那他们无疑是在愚弄自己。我是不是太天真了？

芒格：我可以部分回答这个问题。分享一下我对生物学和心理学的热爱，他们在动物园里拿猴子做过非常有趣的实验。他们打造了一套体系，猴子可以通过完成各种任务得到一个代币，而代币可以立即换成一根香蕉。猴子很快就明白了，它们开始为得到代币努力工作，就像此前为得到香蕉努力工作一样。你几乎无法想象公司的管理人员能比猴子们做得更好。（笑声）

巴菲特：在特定类型的市场上——肯定包括20世纪60年代的市场，可能也包括最近一些时期的市场，有些人要么是太聪明，要么就是见利忘义，他们觉得宁愿买进被操纵的收入，而不是真实的收入，因为在一段特定的时间内，被操纵的收入达到既定目标的确定性更大，而他们会在公司崩溃之前出场。我在20世纪60年代亲眼看到过这样的情形。总有人觉得玩资本游戏是合理的，在他们出场之前游戏不会结束。我想说我完全认同卢的观点，不过在财务报表被操纵的那段时间内，有很多钱会被换手，最终世界各地的全国学生营销组织（National Student Marketings）的声誉都会受到影响。

路·洛温斯坦：亚瑟·怀亚特（Arthur Wyatt）是美国著名的会计学家，曾在安达信任职，多年前他做过有关资产负债表外融资的报告。在超级市场控股公司（Supermarkets General Corp），为了不让融资出现在资产负债表上，我们可是付出了巨资的——在我成为总裁之前。这种做法很流行。负债就在那里，但我们不想让它出现在资产负债表上。他在报告中提到了一项研究成果：40%的证券分析师——可能更重要的是信贷员——都遗漏了资产负债表外融资。如果你能始终愚弄40%的人，那的确不错。

在通用电气，杰克·韦尔奇一直致力于每股收益的提升。有一年，收益的确下降了，但韦尔奇调高了对养老金计划和后进先出法储备清算的假设，这么做很容易就能把收益做高。在九名给出报告的证券分析师中，只有一个人留意到了这个事实。韦尔奇愚弄了九分之八的分析师，在这个游戏中显然是大赢家。

20世纪60年代的每股收益——本·格雷厄姆（Ben Graham）就此写过很多文章——就是你发行了可转换优先股和认股权证，但在行权之前没人关注。那很愚蠢，但每个人关注的都是那些数字。在一个理性的世界里，可不会发生那种情况，但在现实世界中——男人们总想出去吃饭，总想去追女孩儿，去打棒球——这个世界是不完美的，路对此很清楚。

韦斯：我注意到了沃伦的评论，特别是关于保险业务的评论，给我的印象就是：我不是财务分析师，而且从未在任何此类领域受过正式培训。但在我这个观察者看来，事实上每家公司的财务上都有一个或多个账户从本质上就是主观臆测的结果。就保险业务而言，确认这些账户非常容易。你如何预估损失准备金，或者如何应对零售业务中的库存问题，这是会计制度必须面对的问题之一。

这又通过一种不同的方式，把我们带回到了在过去的几天里探讨的一个主题：你能在多大程度上相信给出数字的那些人是诚实的？他们必须做出一些主观判断。就再保险业务而言，你根本不可能为损失准备金找到一个客观上准确的数字。这里存在一个合理性的范畴。那些做预估的经理是否诚实可信才是最终的决定因素。

巴菲特：让我感到困扰的是，埃利奥特，那些原本非常诚实的人，那些你在任何情况下都会信任的人——你都可以把他们当作遗嘱信托人——他们也都变得没法相信了。作为一家大公司的经理人，你得决定要不要玩会计游戏，特别是审计人员建议你玩的会计游戏，这已经是一种很普遍的现象了。

比如说，在重组方面发生了什么？在收购会计调整方面又发生了什么？我在具有重要意义的案例中看到过审计人员对管理层说："在这个时间点上，要想让稍后报告的数字更好看，

你可以这么做。”由于各种各样的事情，根本没人会关注这段时间内的数字。

高级别的人被收编或者说顺从的程度很重要，你也可以用其他词。要净化整个系统非常困难，因为不再有好人和坏人了，六大事务所联手就可以决定一切。

当前的评论

“审计行业本可以好好听听巴菲特开出的富有希望的处方。相反，就在这个研讨会召开的1996年，会计舞弊正在安然、环球电讯、奎斯特和世界通信等公司上演。这些事件以及其他类似事件曝光后，安达信倒闭，萨班斯法案重新规定了审计职能的架构，审计委员会重新获得了对审计人员施加影响的权力，美国公众公司会计监督委员会也正式成立。”

——拉里·坎宁安

*****

卡尔文·约翰逊表示，可以假定财务会计标准对于资本市场的正常运转而言是不可或缺的，他还强调说，所有准则都应专注于投资者的利益。约翰逊说，就会计处理而言，虽然巴菲特通常都会站在投资者这边，但他对伯克希尔收购斯科特·费策尔时采用的会计处理方法持批评态度，他认为这是权益结合法。此外，他对伯克希尔对世界大百科全书库存采用的会计处理方式也颇有微词。

洛温斯坦：就这个话题来说，我已经准备好为沃伦辩护了，但我相信沃伦对此更有发言权。沃伦，如果你的确采用了这种方法的话，能说说你为什么对权益结合法那么着迷吗？

巴菲特：我没有采用这种方法。我们总是采用购买法，因为从根本上来说，购买法能够反映出真实的情况。事实上，我不太确定我们是否用过权益结合法。

芒格：我们曾用过部分权益结合法。

巴菲特：好吧。

路·洛温斯坦

芒格：但我们基本上还是采用**购买法**。你指的是我们所做的选择性计算。我认为管理层有权告诉公司的股东——事实上也应该这么做——他们对实际情况的看法。所以，我们使用的是符合美国通用会计准则报告要求的会计处理方法，我们会替换某些数字，而且我们会说，这是我们关注的东西，我们觉得这些东西很重要。在我们看来，这么做是合理的。

巴菲特：大部分情况，我们都会支付给被接管公司远远超过其资产净值的溢价，我觉得这是付给我们所谓的经济商誉的费用。我们甚至都不看工厂。在收购斯科特·费策尔之前，我们没看过他们的工厂；在收购H.H.布朗之前，我们也没看过他们的工厂。我从来都没去看过H.H.布朗的工厂，我们不是依据对物理资产的评估进行思考的。

我们考虑的是经济商誉。我们觉得经济商誉在资产负债表上应被记为投资。我们甚至认为，如果我们给付的股票具有较大的内在价值，在会计处理时就应该记录一个高于其市价的价格。

至于世界大百科全书的库存，我们使用的是后进先出估值法，所以我们总是先计算当前的成本——我们没把任何库存的减少计为收入。我们基于后进先出法，使用的是当前的成本——这显然能够反映出后进先出的原则。

如果我们能够选择针对斯科特·费策尔的会计处理方法——事实上我们没有，那么首先要拨付我们针对特定资产支付的溢价，剩余的部分就是商誉——我们认为全部是商誉。在我们基于购买法收购斯科特·费策尔之前，直接对工厂的账面价值进行了调整，目前工厂的账面价值已经比我们收购时小了，所以，我们事实上没有遇到重置价值过高的问题。工厂目前的账面价值是4,900万美元，此前的数字可比这个大多了，而且它还挣到了更多的钱。

我们购买的其实是经济商誉。幸运的是，斯科特·费策尔的经济商誉还没贬值。在我们看来，在购买价格中拿出5,000万美元用于支付工厂和设备的价值，如果有人告诉我们说这就是重置价值——我们可不是这么看问题的。我们可能会被要求在账面上那么做，但我们也想告诉股东们我们到底是怎么看的。

约翰逊：收购方法显然是强制性的，必须得符合美国通用会计准则的要求，而且你们的报告也是这么做的。我接受你对问题的澄清。我要批评的是你们采取的替代方法，你们对斯科特·费策尔的旧资产账户很感兴趣，而且希望伯克希尔能够使用它们，你们还说它们很不错。

巴菲特：我们就是那么认为的。

约翰逊：我同意你的说法，商誉不应该折旧。我花了一年的时间，试图确保不能出于避税的目的对商誉进行折旧。我向最高法院陈述过我的意见，后来也出席了国会的听证会。我听到每个人都在说我的意见是对的，商誉不会贬值，它只会升值。虽然我尽了最大的努力，但他们还是允许企业把商誉的账面价值在15年内削减完毕。我觉得这是一个很糟糕的经济决策，他们竟然允许在15年内核销一个我们知道正在升值的东西。我真希望你当时就在那些听证会的现场，就在证券听证会的现场，因为有两个堂吉诃德可能更好一些。

巴菲特：**我们只买我们认为会升值的东西。**

约翰逊：在21世纪，一切都跟商誉有关。我们看到的钢铁会越来越少，但硅会越来越多。我们正在改变要素。如果不能在会计上处理好商誉问题，那你基本上就是把公司股票的成本在15年内核销掉了，这其实根本说不过去。

补救方法肯定不止一种。我同意你的说法，商誉是不可摊销的。但在收购世界大百科全书时，并没有太多的商誉，但你们支付的溢价比收购斯科特·费策尔时还高，事实上这些钱都付到工厂和设备账户上了。

巴菲特：我们是按要求做的。在我们看来，这些钱都是为商誉支付的，但按照要求必须进行拆分，依据的就是存货的先进先出价值，财产、厂房和设备的评估价值、剩余价值，有些甚至用来支付递延所得税负债了。

我们是这么对股东们说的："我们必须遵循规则，但**在我们看来，所有溢价都是付给商誉的**。"我们还认为商誉不会贬值，否则我们一开始就不会买它。我们必须得那么记账，但这并不是我们希望的方式，所以我们会向股东们解释我们的真实想法。

坎宁安：我有两个问题。就在几分钟前，路易斯告诉我们，财务会计准则委员会正在考虑是否在未来的几年里彻底取消权益结合法，也就是说这种方法不能用了。卡尔文，你觉得有这种可能吗？我的另一个问题跟商誉的折旧有关：我们探讨的是商誉的贬值或升值问题，还是成本分摊问题？

约翰逊：我认同巴菲特的观点，商誉通常不会贬值。我认为他的意思也不是说世界大百科全书的工厂和库存毫无价值或者说对他而言是零成本。

洛温斯坦：但会计人员会把它作为成本分摊对待，就像我们对待工厂的成本一样。折旧并不会反映价值的改变，它反映的只是一段时间内的成本分摊情况。

约翰逊：商誉的摊销时间是40年，也就是每年1/40，即2.5%。所以，它是可以折旧的，只不过折旧率不高。我的观点是商誉是存在的，提出商誉这个概念完全没有问题。在下一个世纪里，所有公司靠的都是商誉。那些软件公司可能没有资产——只有一帮员工、设计、租赁；它们没有资产，但它们可能价值20亿美元。这都是商誉的价值，这是真的，一点都不假。

如果单纯看资产负债表，这些公司会显得很穷。理论上来说，资产负债表应该是一份财富声明或者一个储蓄账户。通过资产负债表，你应该能够说出下一年的资本收益率是多少。但是，会计们对资产负债表的忠诚度早已消失殆尽，现在的资产负债表简直就是垃圾，上面只有一些还没有被冲销的杂项成本。这意味着无论什么时候有人购买这家公司，都要付出比账面价值大得多的成本，这笔多出来的成本就是为商誉支付的。

坎宁安：听起来这跟你的主张是一致的，也就是在美国通用会计准则中引入现值以及类似的概念。

约翰逊：是的。我希望由投资银行家来起草这些规则，而不是由会计人员起草。美国通用会计准则真的是垃圾。对投资人来说，美国通用会计准则基本毫无价值可言，但现在却没人去修订和完善这些准则。

芒格：哦，不过，如果你喜欢投资银行会计准则——这在世界各地的私募招股说明书上都能找到，如果你已经厌烦了传统的会计准则，你的确应该去看看投资银行的会计准则：他们讲的是EBDA——扣除任何东西之前的利润。（笑声）

洛温斯坦：埃利奥特说过美国通用会计准则是一道需要逾越的障碍，其他人也说过类似的话。在过去的几年里，美国财务会计准则委员会整个机构都备受非议，而且这种非议越来越多。围绕股票期权会计问题的斗争以美国财务会计准则委员会的失败告终，此外，美国财务经理协会最近通过了一项提议，把对美国财务会计准则委员会的外部审计提上了议事日程，受此鼓舞，要求美国财务会计准则委员会采取更亲商姿态的呼声越来越高，这种呼声也是在对商业界表达同情之心。我发现这其实挺可怕的——这显然并不符合卡尔文所说的忠于投资人的原则。还有其他人为此感到困扰吗？

巴菲特：在19世纪90年代，印第安纳州立法机关收到了一份法律草案。有位立法委员希望把圆周率的数值改为3.2，他解释说，对印第安纳州的中小学生而言，记住3.14159这个数值太难了，他觉得如果改成3.2事情就简单了。（笑声）（编者注：参见斯科特·麦莉2015年3月14日在印第安纳州安德森市的《先驱公报》上发表的文章“3.1415=圆周率=困难”。请注意，这份提案是基于一名业余数学家埃德温·古德温的工作提出的，但被普渡大学的数学教授克拉伦斯·瓦尔多给否定了，他对前者的假设进行了反驳。）

约翰逊：我觉得，在过去的几年里，任何有关美国财务会计准则委员会的问题最终都是管理层赢了，如果投资者能胜出，那才是巨大的进步。我真觉得我们得抛开美国财务会计准则委员会美国通用会计准则中的那些数字了；对于投资者来说，它们真的一点用都没有。一方面，每家公司，即便是规模最小的公司，每年都必须在会计人员身上花费30万美元，而且还要应付一整套的体系。问题的答案或者是这样的，**美国通用会计准则**已经被中世纪的理论和管理层的影响给腐蚀了，这个准则已经不值得去遵循了，我们应该重新开始。

另一方面，在某些时候，事实上你必须**为投资者提供信息**。投资者不可能凭直觉获得所需的信息，他们也不可能自己翻翻文件就得到所需的信息。他们最终需要的信息必须是准确的，而且要符合投资理论。这些信息必须能够融入特定的投资模型中。我不知道这些信息是否要告知美国财务会计准则委员会或者要避开美国财务会计准则委员会，我觉得是要避开美国财务会计准则委员会。

但我也认为这个国家渴望这样的方式，因为通过这种方式提升整个国家的生产力不需要太大的投入。如果说什么基因能够做到四两拨千斤，我想这个基因就是找出有利于投资者决策的数据，而不是帮助管理人员获得丰厚的报酬和帮助他们保护自己。我不知道如何才能做到这一点，但我认为这很重要。

巴菲特：我对此表示赞同，但有趣的是，我们发现财务信息——即便是呈送给我们的财务信息——非常有用。在过去的一年半时间里，我们买了四家公司——第四家正在进行中，我们有的只是两件东西：财务信息以及我们对经济特点的些许思考。我们接受了——我不应该说完全认可我们看到的数字，但依据美国通用会计准则提供给我们的数字已经足够了，我们完全可以基于这些数字决定是否买下一家公司，我们甚至都不需要去看他们是不是拥有工厂。

洛温斯坦：20世纪80年代恶意收购运动的依据主要是公开的财务信息。

巴菲特：我们每天都在这么做，我们已经为使用公开的财务信息花费了数十亿美元。但也有很多财务信息我们是不会使用的。

*****

埃德·基奇称赞说，《巴菲特致股东的信——股份公司教程》一书能够用通俗易懂的语言阐述会计数字，更好地帮助人们理解一些简单的衡量指标，比如每股收益。但他猜测其他公司不会这么做，因为证券法律认可美国通用会计准则，大家不愿意去承担风险。巴菲特的回应开启了这场对话。

巴菲特：在我的记忆中，在过去的15年里，我们从来没在分析报告中提过每股收益。美国证券交易委员会和美国通用会计准则都要求我们在五年财务概要中标明每股收益。但鉴于你提到的那些原因，有很多人关注这个数字，但我觉得这个数字的作用已经非常有限了，你还不如去看每个业务单元的经营业绩，那些数字可比每股收益有用多了。所以，在我的记忆中，我从来没在公司的年报中用过“每股收益”这个字眼。

听众发言：如果概括一下过去两天我们探讨的所有问题，可以把它们归类为短期的商业欺诈。如果要概括一下巴菲特和芒格哲学的话，那就是它不仅是一种长期的承诺，也是对永久所有权的承诺。那么，通过改变税法让永久所有者得到回报是不是一种解决方案呢?

目前来看，这种观点已在各种场合屡被提及。沃伦有一次建议说，要对一年内的收益征收100%的资本利得税。其他人也提议依据持有证券的时间对资本收益进行相应的调整。沃伦和芒格的例子已经表明，永久性投资有诸多的优点，或许我们应该竭尽全力促进立法，通过法律的形式对永久性投资或者接近永久性的投资予以奖励。

基奇：我倒不觉得必须得去立法。很显然，你可以看到，伯克希尔·哈撒韦有一套自己的体系，他们通过这个体系努力引导股东们长期持有公司的股票。比如说，伯克希尔·哈撒韦鼓励人们对持有的股份进行登记。举例来说，只有对股份进行登记后才能享受慈善捐赠计划带来的各种好处。当然了，证券行业一直在排斥记名股票，他们会说，只要在券商那里开个往来账户就行了——因为这显然会让转让股份变得更容易。

听众发言：伯克希尔只能算一个特例，当然了，他们的做法很值得钦佩。但最好是能通过书面的形式，让美国的上市公司开始遵循伯克希尔的模式。在我看来，首先得迈出第一步吧，比如说，对短期的资本收益进行征税。

吉姆·里佩蒂： 这个我们此前已经探讨过了。我觉得这个假设是有问题的。我认为，为自己投资的人应该都希望管理层能有长期性的观点。如果我是为自己投资，我就会明白，股票的卖出价在一定程度上是由购买者对公司长期发展前景的看法决定的。所以通常来说，你会认为投资者希望管理层能做到从长计议。我过去就曾建议过，真正的问题在管理层——问题不在投资者这边，当然机构投资者除外，因为他们并不是为自己投资。

洛温斯坦： 沃伦几年前就提过类似的建议，但后来他放弃了。我这个人比较愚笨，而且不那么敏感，所以一直在通过不同的方式提出此类建议。我认为，南希·卡斯鲍姆（Nancy Kassebaum）、费利克斯·罗哈廷（Felix Rohatyn）和凯恩斯（Keynes）是最早建议对短期交易予以惩罚的几个人。如果能让投资者从长计议，就能更好地对管理层施压。正如吉姆所言，华尔街可能有一些人不这么看，从计划摊还证券（PAC）资金的流动情况判断，这些人的影响力可能比我们的影响力还大。

当前的评论

“直到今天，人们一直为公司管理层以及某些短期资金经营者的短视担忧。事实已经证明，税务制度没有办法促使他们从长计议。因此，我们需要找到更好的办法去平衡管理层的利益（也就是薪酬）和投资人的长期最佳利益。”

——吉姆·里佩蒂

费斯：大家谈论的其实是两件不同的事情。我们希望管理层能有更长远的眼光，你们希望投资者投资的时候更关注长期收益，但这并不意味着我们想阻止交易，或者我们要杜绝证券市场的流动性，可有些提议的确是在威胁这种做法。人们之所以愿意把钱投到资本市场里，是因为这个市场既提供了流动性，也能带来长期收益。如今，很多资本都投到上市公司里了，如果你说投进来的钱不能拿出去，那很多人可能就不会投了。

洛温斯坦：我觉得这引出了另一个问题——市场需要多大的流动性？这就好比给轮毂加润滑油一样，加到多少会造成车轮打滑和跑偏呢？1960年，纽约证券交易所的换手率是14%，我想当时没人抱怨缺乏流动性。现在，如果你把场外交易也考虑在内，换手率是70%～75%，那么，到底多少才算充足呢？

流动性的成本可是非常非常高的。

当前的评论

“纽约证券交易所的股票换手率在2008年攀升到了138%，随后，由于高频交易导致的报升，2012年又回落到了1996年时的水平。”

——拉里·坎宁安

费斯：即便是对伯克希尔·哈撒韦来说，选择在纽约证券交易所上市也证明了他们认可投资者从流动性上获益。你希望自己的股东都能长期持有公司的股票，但你也知道投资者有时也有退出的需求，他们需要拿回一些现金，因为他们得送孩子去上大学，或者在其他方面急需钱。

洛温斯坦：我想是这样的，沃伦也能回答这个问题。伯克希尔股票的交易量并没有出现明显的攀升——在我看来交易量依然很小，但他们的确是在绕过经纪人，然后进入真正的拍卖市场。不过，沃伦，你们当时为什么要去纽交所上市呢？

巴菲特：我们根本不认为有必要提升市场的活跃度。事实上，在我们上市的那天，我对专家吉姆·麦奎尔（Jim

McGuire）说：“如果这只股票的下一次交易出现在两年后，我会认为你取得了巨大的成功。”他们当时看起来并不是很兴奋。（笑声）

不管我们买什么，无论是可口可乐、吉列，还是任何其他公司的股票，我们的心态都是一样的：如果交易所关门歇业，就像1914年那样，我们依然愿意持有这些股票。如果交易所关门后我们就不愿意拥有此业务了，那么在交易所正常营业时我们也不会愿意拥有。

尽管如此，**流动性对我们来说还是一个相对温和的加分项**，它不是减分项。对于伯克希尔的股东来说，它还是加分项。但如果流动性成了伯克希尔股东很大的加分项，那他们肯定不适合做我们的股东。

当前的评论

“即便交易所关门了也愿意持有某只股票，这正是巴菲特投资信念的写照：长期来看，商业价值的增长并不取决于短期的股价，而是取决于长期内在价值的提升。”

——罗伯特·哈格斯特朗

洛温斯坦：在《就业、利息与货币通论》（*The General Theory of Employment, Interest, and Money*）一书中，约翰·梅纳德·凯恩斯（John Maynard Keynes）在以投资为主题的第十二章中对流动性有非常中肯的评价，这一章的篇幅很短，只有18页，却非常有启发意义，我强烈推荐不熟悉流动性的人读读这一章。

约翰逊：由于担心出现锁定效应，我们在税法方面投了很多钱。为了应对资本收益偏好方面出现锁定效应，我们采取了一些还比较粗浅的补救措施，并为此给出了高达数十亿美元的税收优惠。现在你告诉我说，我们在过去的80年里花的钱都是浪费，因为锁定是好事儿啊，不是坏事儿。而且从某种意义上来说，我们已经有很强的动机去保护你们的财产。我们调整了财产持有人死亡时的计税基础，而且设定了一个能够有效鼓励长期持有财产的税率，持有时间越长，税率就越低。我们通常认为资本收益偏好是一个需要解决的严重问题，而不是一个解决方案。

此外，有人说我们需要有更多的阐述，我不赞同这种说法。我们需要数字，需要一颗能够为我们指明方向的北极星。一幅地图能够概括某块土地的大部分信息，但地图不会告诉你当地的特色，不会告诉你文化的丰富性，也不会告诉你树林里住着哪些神仙，地图上只有一些简单的数据——东西南北。在地图上，你能看出自己当前要面对的是水域还是沙地，这就是地图，这就是地图方便对比的原因所在。

我费了很大的劲儿告诉我的学生说，金融分析师们对投资的描述实在太抽象了，我们甚至无法知道投资到底是糖果机、部件库，还是年金。事实上，出于概述目的，我们正试图从中得到一些数据。我觉得再完美的生活也无法帮我们解开所有谜语。投资就好比一团完全无法被人理解的糊状东西，只有当你最终拿到一些数字时，你才会找到一些有价值的东西。

芒格：我觉得，如果你能从两个到三个不同的立场去看待这团东西，你对它的理解就会更深入一些。就拿建筑物来举例吧，跟从一个方面看它相比，如果你能从顶部和侧面看它，可能还参考了建筑师的方案，你对它的理解就会深入多了。所以，恐怕现实就是一团糟。如果你想理解它，你就得有处理这团东西的能力。爱因斯坦曾经说过："任何事都要尽可能将其简化，但又不能过于简化。"

*****

吉姆·里佩蒂全面回顾了企业所得税方面的法规，特别是那些涉及管理层和股东关系的法规，比如黄金降落伞，拒绝接受那些用金钱弥补管理无效的做法，比如资本收益偏好以及对公司和个人采用差比税率。

洛温斯坦：那是否意味着你也希望看到取消企业所得税呢？我知道的确有人提出过这样的建议。

里佩蒂：有个提议是把游戏的天平朝一侧倾斜，建议取消个人所得税，也就是说，在公司层面保留企业所得税，但股票持有人获得的分红不需要纳税。这肯定会给管理层带来巨大的压力，这种压力甚至可能超出他们的承受能力，而这无疑会使游戏的天平朝另外一个方向倾斜。

此外，我觉得可能也存在收入方面的考虑。即便企业所得税目前仅占联邦税收总额的12%左右，但如果取消企业所得税，那么政府的税收就会出现12%的缺口。我不希望游戏的天平朝任何一侧倾斜，我只想看到一个公平竞争的环境。

当前的评论

“2003年，资本利得和股息开始适用同样的税率。至于这种对等是否会影响公司的股息政策，经济学家们还没有达成共识。”

——吉姆·里佩蒂

芒格：我觉得有些问题的答案绝对是有决定性的。如果你想按照民主的方式办事，那你至少得考虑一下法律，至少法律不能让人恨得咬牙切齿吧。

拥有500万美元股息收入的家伙根本不用交所得税，可一个每周工作90个小时的出租车司机却要缴纳30%或40%的所得税。

这实在太令人难以忍受了，任何有欠考虑的提议，不管它有什么理论优势，都没有成功的希望，所以，我觉得你甚至根本不该把那种提议当成一个答案。我们的体系必须关注人类追求平等的天性。

里佩蒂：你的意思是说对股息收入免税吧。你认为仅仅是政治上不可能吗？

洛温斯坦：当然了，还有一种选择就是把两者联系在一起，偶尔也有人做过这样的讨论，那就是取消企业所得税，同时把企业收益的应纳税额转移到股东身上。

芒格：我想从另一个方面谈谈看法，我们希望生活在一个文明社会里——只要私人资本主义依然存在，企业收益能够有可观的积累。这是确保经济未来能够不断增长的重要发动机，只要拿到收益的人能够把收益留下来，经济的增长就会变得更加简单，也更有保障。所以我觉得，在你想看到的文明社会里，激励因素必须到位，而且要成为常态，这样才能确保把美国上市公司至少一半的股票收益累积起来。

里佩蒂：我觉得你们公司就有最佳解决方案，不管我们如何改变税法。你们的回报率太可观了，通常来说股东们都会选择。

芒格：如果你觉得伯克希尔·哈撒韦是值得所有美国公司效仿的榜样，那你可就大错特错了。如果每家美国上市公司都突然决定要把自己变成另一个伯克希尔·哈撒韦，那肯定会是一场灾难。

洛温斯坦：查理认为一半的世界都低于平均水平，有些公司可能满足于每年从股东的资本中赚取8%的利润，但伯克希尔·哈撒韦不是这样的公司。

巴菲特：如果我们是免税机构100%持股，我们也会采取同样的股息政策，但这并不意味着所有美国上市公司都要这么做。

当前的评论

“奥巴马总统提出的2016年预算报告显示，公司税在总体税收中的占比估计为13.4%。但越来越多的人担心美国的税务体系带来的影响。依据该体系，如果跨国公司海外子公司的利润尚未转入美国，就暂时不需要纳税。很多人担心跨国公司会为了避税把利润留在海外。相关的争论变得很激烈，有人主张美国应该采取属地纳税制度，不要试图对跨国公司的海外收益征税，也有人主张终止递延条款，直接对跨国公司海外子公司的收益征税。此外，其他国家相对较低的公司税税率也在迫使美国降低自己的公司税税率，因为竞争降低门槛的‘竞次’态势正在形成。”

——吉姆·里佩蒂

约翰逊：美国国会采纳了旨在打压黄金降落伞的税收法规，我认为这是国会支持地方产业和强势管理层的又一个例子。我知道，从形式上看，这是对支付给目标公司管理层的丰厚补偿金的一种处罚，而且听起来是对目标公司的一种处罚，是对支持目标公司而不是收购公司的某种东西的处罚。但我认为这不仅仅是一种政治辞令，事实上，对于收购方来说，黄金降落伞是一种非常有用的手段，而国会的目的就是消除这种手段。

里佩蒂：如果能够向股东披露所有事实并得到股东的认可，我倒是挺喜欢黄金降落伞给出的丰厚补偿金。如果你最初使用的就是所有权和控制权分离的模式，你就必须假设某些收购方的目的并不是寻求利润最大化，他们可能想通过收购目标公司达到其他目的，但从长远来看，这可能会损害目标公司股东的利益。在这种情况下，尝试赋予管理层更大的权力可能是有意义的。我再次强调，我也认为民主制度对公司来说是有益的。在我看来，如果股东们已经被告知什么对他们是好的以及什么是不好的，只要沟通过了，其他事情就随他去吧。

芒格：对于我认为是迄今为止最重要的**阻止收购的税收条款**，你是怎么看的？我觉得就现实意义而言，其他条款根本就没法跟这些条款相比。我说的是国会废除了通用效益准则的时候。（编者注：可以参考美国最高法院1935年296卷200号通用效益公司诉赫尔弗林一案，依据过去几十年里形成的各种限制和例外，最高法院认为，当公司把已升值的财产分配给股东时，公司既没有收益，也没有损失。所有这一切被冠上了"通用效益准则"这个绰号，通常被认为是鼓励公司收购的判决。可是，这一准则被1986年的《税务改革法案》废除了，新的法案认为公司把已升值的资产分配给股东时，大部分情况下都会获得一定的收益或遭受一定的损失，但控股子公司的清算和分拆依然属于例外情况。）那的确改变了收购时的算术题做法，

查理·芒格、埃利奥特·韦斯

其目的显然是抑制收购。如果你想减记资产并在未来享受税收优惠，现有的C公司就必须缴纳一大笔税款。这显然是一个强烈反收购的条款，你对该条款持什么态度，支持还是反对？

里佩蒂：我支持这个条款，因为在我看来这有助于平衡对收购市场的各种关切，而且从税收政策角度来说，也是讲得通的，因为它跟我们处理非收购类公司交易的方式是一致的。比如说，当一家公司把已升值的资产分配给某个股东时，无论是公司还是股东个人都要缴纳相应的税款。

芒格：他们同时也把这一点给改了。

里佩蒂：是的。

芒格：卡尔，你怎么看？

约翰逊：这是个非常有趣的故事，因为大部分学者都喜欢这个法案，而且还说它出自美国法律协会。从20世纪30年代开始，美国法律协会就有跟政府合作的良好传统。它看起来的确像是出自美国法律协会。国会在1986年通过这个法案时，所有学术界人士都觉得有自己的功劳，他们庆祝说国会终于关注美国法律协会了。

事实上，国会之所以在1986年**通过废除通用效益准则的法案，目的是抑制收购活动**。这是一种惩罚方式，对象是那些想把公司卖给华尔街的管理人员。这也再次表明国会更愿意站在普通大众这边，而不是华尔街那边。

芒格：如果你是国会议员，就这种改变而言你会如何投票？

约翰逊：我要面对另一个难题，那就是从内心深处来说，我还是一名税务人员，我的首要工作是确保有一个良好的税务系统。吉姆和我都认为废除通用效益准则是正确的。我跟你做的事情不一样。我要忠于税务系统所处的状态。

当前的评论

“美国的公司还在努力应对废除通用效益准则带来的影响。2015年，雅虎公司曾试图分拆其持有的阿里巴巴的股份，目的也是消除通用效益准则被废除后带来的税收冲击，但由于种种原因最后还是放弃了。”

——吉姆・里佩蒂

当前的评论

“我现在觉得，巴菲特最大的成就就是在缔造一个巨大的商业帝国的同时，成功塑造出一个良好的公众形象：务实、和气、平凡的个性。巴菲特应对公共关系和监管事务的整个方式都不同寻常。最重要的部分他都是亲力亲为，他会去找监管人员进行面对面的交谈。奥马哈所在的位置为他提供了帮助，集市贸易风格的股东大会也很有帮助。说真的，愿意参加这个研讨会也反映出了他的做事风格。”

——埃德・基奇

回忆录

我们举办了一场非常棒的研讨会，整个周末我们过得都很开心。从前面的脚本中，你一定也感受到了与会者的智慧和幽默。很多没有记录的场外活动也为这次聚会添色不少，包括进餐时间、中场休息和非正式的室外活动。

为了规划这次研讨会，我跟巴菲特进行了数月的书信往来。我第一次见到他本人是在一个周末，当时我在格林威治村著名的意大利餐厅Il Cantinori为所有嘉宾准备了晚餐。我走到他身边做了自我介绍，当我伸出手跟他握手时，他对我说："哦，很高兴见到你，你就是那个帮我重新整理信件的家伙啊。"

晚餐后，我们一帮教授跟查理一起出去喝酒，我们去了东村的圣殿酒吧（Temple Bar）——当时有不少人回头看我们。

第二天早晨，当我们跟沃伦说起酒吧的事情时，他开玩笑说："如果有人认出了查理，那一定是个同志酒吧。"还有，第二天早餐的时候，戴尔·奥斯特勒就坐在芒格旁边，但他根本不知道坐在旁边的这个人是谁。

稍后我跟芒格一起去会场的时候，他说自己一直想搞清楚巴菲特为什么会同意由我来整理和出版他写给股东的信，因为很显然我并不是第一个有此想法的人。我们猜测这是基于信任关系：我的同事和前系主任摩罗·普莱斯（Monroe Price）联系了巴菲特最好的朋友之一鲍勃·德纳姆，正是他向巴菲特转告了我的提议。此外，我觉得我的朋友山姆·巴特勒（Sam Butler）也帮了不少忙，他是我曾任职的克拉瓦斯律师事务所（Cravath, Swaine & Moore）的老板，而且跟沃伦已相识多年——伯克希尔第一次购买政府雇员保险公司的股票时，山姆恰好是该公司的董事会成员。

另一个共同的朋友是克拉瓦斯律师事务所的合伙人乔治·吉莱斯皮（George Gillespie），他是巴菲特的私人律师，同时也担任过几年华盛顿邮报公司的董事。在来参加研讨会时，乔治也带来了需要巴菲特签字的遗嘱。乔治希望我找个房间供巴菲特签字，同时也希望我能作为一个见证人，沃伦跟我开玩笑说："如果你要做见证人，那我猜遗嘱中就不会有你的名字了。"

我们安排芒格和教授们住在了格拉梅西公园酒店，这是一家已经营数十年的家族酒店，不过当时已经失去了昔日的光芒。这家酒店几年后进行了翻新，成为一家世界一流的五星级酒店。芒格对这家酒店的描述是“非常不错”。第二天晚上，塞缪尔和罗尼·海曼做东请大学的客人和朋友们吃饭。晚饭后我跟芒格一起打出租车回酒店，我们上车后，芒格靠在座位上感慨地说：“我此前从没在有这么多钱的房间里待过。”

在第二天开会时，我的侄子贾斯汀跑来见沃伦。贾斯汀当时只有13岁，所以他并不是特别清楚巴菲特到底是什么人，他说巴菲特代表“很多很多0”。

多年后，比尔·阿克曼提醒我说，这是他第一次跟沃伦会面。事实上，在排队拿自助餐时，比尔跟沃伦的妻子苏珊聊上了。这俩人看起来一见如故，因为苏珊主动邀请比尔跟她同桌进餐。苏珊是我认识的最和蔼可亲的女士之一。

杰夫·戈登提议为研讨会提供伯克希尔主题的产品。除了可口可乐和喜诗花生脆糖外，我们在开会的两天还分发了《华盛顿邮报》。为了纪念重要的交易，投资银行通常都会准备一个纪念品，比如里面放有微缩版招股说明书的有机玻璃立方体，为了向所罗门致敬，我们也为所有参会人员准备了一个类似的立方体，不过里面放的是研讨会的议程。研讨会结束一周后，沃伦的助理黛比·博桑尼克（Debbie Bosanek）告诉我，

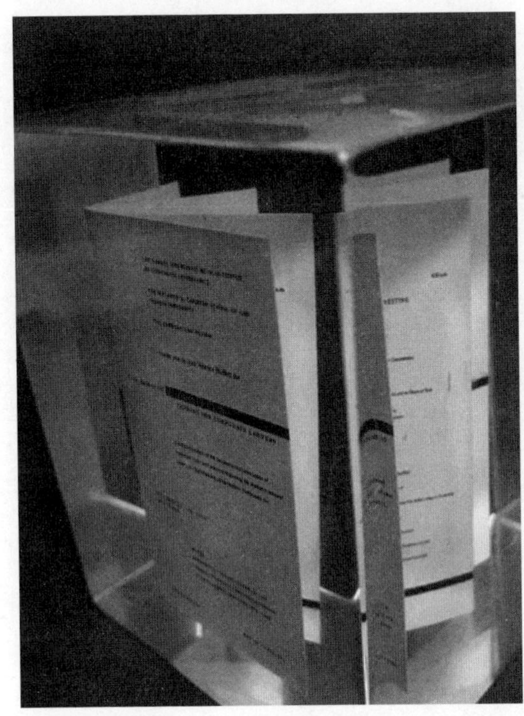

放有研讨会议程的有机玻璃立方体

沃伦很高兴地把那个立方体拿进办公室当镇纸用了，于是我也给黛比寄了一个。

我和我的学生们为这个在周末举办的研讨会做了很多后勤协调工作，但周一研讨会结束时，我们才意识到竟然没安排车辆送巴菲特一家（巴菲特、苏珊、霍华德）去机场。他们说打车去就可以了，随后三个人就要拖着行李到第五大道上打车去，要知道当时已经快到曼哈顿的高峰时段了。

我坚持说可以找一辆林肯送他们去机场，但沃伦拒绝了我的好意，他说出租车更便宜。我说我们可以请客，而且不会告诉任何人叫了豪华车。没想到霍华德拖着长音说道："可是我会说啊。"最后他们还是打了一辆出租车去了机场。从那以后，我就总在想，总有一天霍华德会成为伯克希尔优秀的董事会主席。

拉里·坎宁安

合影精选

彼得·贝弗林、沃伦·巴菲特、保罗·希拉尔、查理·芒格

查理·芒格、比尔·阿克曼、克里斯·斯塔夫鲁

沃伦·巴菲特、贾斯汀·坎宁安、拉里·坎宁安

拉里·坎宁安、乔治·吉莱斯皮

乔治·吉莱斯皮、霍华德·巴菲特、阿吉特·贾因

阿吉特·贾因、苏珊·巴菲特、沃伦·巴菲特、查理·芒格

马乔里·诺尔斯、苏珊·巴菲特、黛博拉·德莫特

莉亚·斯皮罗（Leah Spiro）、查理·芒格

“

后续行动

研讨会开完后的第二年，我们出版了《巴菲特致股东的信——股份公司教程》，这是我们在研讨会后精心打造的一本独立出版物。在1998年的伯克希尔股东大会上，我们在波仙珠宝店摆放了这本书，感谢波仙珠宝的首席执行官苏珊·雅克（Susan Jacques）。

下面是我和我的团队摆放和销售这本书时拍的一些照片，我的侄子贾斯汀和我的研究助理黛娜·奥斯兰德（Dana Auslander）都是团队的成员。黛娜后来成为一名成功的对冲基金管理人员。从照片中可以看到，我们有自己的摊位，而且《巴菲特致股东的信》是唯一在现场销售的图书。

拉里·坎宁安、马特·特麦克默多（Matt McMerdo）、贾斯汀·坎宁安、黛娜·奥斯兰德、安妮·拉舍尔（Annie Rusher）

下面这幅照片是沃伦几年后到我们学院讲课时拍摄的。前排左侧是我的学生安德鲁·索尔（Andrew Sole），他后来成了一名成功的价值投资者。

虽然研讨会已经过去多年了，但媒体始终对《巴菲特致股东的信》这本书以及那场研讨会充满了兴趣。下页图是1998年《福布斯》杂志上的一篇专访，再后面的图则是巴菲特就这篇专访写给我的一封信。信上的日期要比杂志早，大家都知道，这是因为印刷杂志通常会提前发行，目的就是延长杂志的上架时间！杂志出版后就会给订阅用户邮寄。

Warren Buffett says he doesn't think the market is overvalued, yet he buys few stocks. Why?

Three little words

By Subrata N. Chakravarty

NOT ONLY DO INVESTORS hang on Warren Buffett's every word, they spend countless hours trying to read between the lines. Over the past three years Lawrence A. Cunningham, 35, a professor at Yeshiva University's Cardozo School of Law in New York City, has gone one step further: He has compiled and distilled 20 years of Buffett's annual letters to Berkshire Hathaway shareholders. The result: *The Essays of Warren Buffett: Lessons for Corporate America* (Cardozo Law Review, $14.95). Buffett himself called the book a "superb job." Here, Cunningham tells why he went to the effort.

ROB KINMONTH

IRA WYMAN / SYGMA

Cardozo law school's Lawrence Cunningham; Berkshire Hathaway's Warren Buffett

The song he sings was written by Ben Graham.

FORBES: Why is a law professor interested in the letters of Warren Buffett?

I'm a corporate governance scholar. There's an intersection between law and government [which is] where I write and teach. Buffett's essays are full of profound wisdom on governance and related themes.

Most chief executives brush the owners off with a few clichés. Why does Buffett go to all this trouble?

The reason is precisely that he would want this kind of letter written to him. He wants the people who have entrusted their wealth to him to know how he thinks about allocating their capital. He wants them to understand what his choices and tradeoffs are and how he goes about choosing among them.

Why did you, an academic, put this collection together?

I'd like to have finance professors teach students about fundamental valuation analysis again, rather than about modern finance theory. [Modern finance theory teaches] that you're better off throwing darts rather than spending time thinking about whether investment opportunities make business sense.

Efficient market theorists tell you that price is the same as value. Buffett thinks markets are somewhat efficient but not perfect. He quotes Ben[jamin] Graham [Buffett's teacher and mentor] on that point: That in the short run stock markets are voting machines; in the long run they're weighing machines.

On a daily basis, Graham taught, people are expressing hopes and fears. But over a long period of time, the voting will be corrected and the gap between price and value will narrow.

We've had a bull market for 15 years. This isn't Ben Graham's world, is it?

Graham would say we're just experiencing a phase where there is an extraordinary amount of greed, and a mind-set of endless prosperity. What Graham wouldn't understand—what would be totally unrecognizable to him—is the degree to which fashionable academics think that these emotions have been purged from the market process, that the market is getting it right every day and that price and value are functionally identical.

You went through 20 years of Buffett's essays. Has his thinking changed?

Very, very little. There are a couple of examples of evolution, but it's quite incremental and the foundation is permanent. It's fundamental valuation analysis.

I doubt Ben Graham would have bought and held stocks like Coca-Cola that sell for more than 40 times earnings and a huge premium to book value.

Graham was very rigid in thinking about value and very quantitative in his approach. Over time, in part with the guidance and goading of [Berkshire Hathaway Vice Chairman] Charlie Munger, Buffett has accepted harder-to-measure meanings of value, like management integrity and ownership orientation, product strength and brand recognition, which are harder to quantify.

Munger is a high-powered brain. They help each other—a productive dialogue that stimulates thought and learning—but with the same core philosophical base.

Insisting as he does on value, Buffett has almost no tech stocks.

Buffett quotes [IBM founder] Thomas Watson: "I'm only smart in spots—but I stay around those spots." Buffett defines his circle of competence pretty narrowly. He admires and respects [Intel's] Andy Grove and [Microsoft's] Bill Gates, but he says he doesn't understand their products well enough to form a

52 Forbes ■ April 6, 1998

《福布斯》专访文章，1998年4月6日

BERKSHIRE HATHAWAY INC.
1440 KIEWIT PLAZA
OMAHA, NEBRASKA 68131
TELEPHONE (402) 346-1400

WARREN E. BUFFETT, CHAIRMAN

March 23, 1998

Via Facsimile #212-790-0205

Lawrence A. Cunningham
Professor of Law & Director
Heyman Center on Corporate Governance
Benjamin N. Cardozo School of Law
Yeshiva University
Brookdale Center
55 Fifth Avenue
New York, NY 10003-4391

Dear Larry:

Thanks for the nice words in *Forbes* — you say it better than I do.

Best regards.

Sincerely,

Warren E. Buffett

沃伦·巴菲特写给我的信，1998年3月23日

（编者注：巴菲特在信中说："拉里，谢谢你在《福布斯》杂志上说的好话——我觉得你比我说得还好。"）

《巴菲特致股东的信——股份公司教程》1997年首次出版，后来又在2001年、2007年、2013年和2015年多次再版。下面就是各个版本的封面。

1997　2001

2007　2013　2015

后来有中国的出版商向沃伦询问这本书，在沃伦的鼓励下，我安排了这本书多个语言版本的翻译工作，其中包括中文、法文、德文、希腊文、日文、朝鲜文、葡萄牙文、俄文、西班牙文、泰文和越南文。以下是部分译本的封面。

繁体中文　　法文　　日文

朝鲜文　　西班牙文　　泰文

1998年，我们在伯克希尔的股东大会上销售英文版时，现场只有这一种书。到了2015年，奥马哈当地的书虫书店在伯克希尔股东大会的现场设了自己的展台，销售的图书种类大约有40种，每种都是由沃伦亲自挑选出来的。除了《巴菲特致股东的信——股份公司教程》外，我的另一本书《后巴菲特时代的伯克希尔——价值的持久价值》（*Berkshire Beyond Buffett: The Enduring Value of Values*）也在其中，这让我感到无比荣幸。下面的这张照片就是我2015年参加股东大会时趁午休时间在书虫的展台边拍摄的。奥马哈的哈德逊书店里也有很多关于巴菲特和伯克希尔的图书，包括我写的那几本。

奥马哈笔记

如果你从未参加过伯克希尔的年度股东大会，那一定得去一次。最大的亮点依然是周六的问答环节，也就是沃伦和查理跟股东们的对话，现在已经在网上同步直播了。问答环节会探讨各种话题，但参加过多次会议后，你就会发现，所有话题其实都是围绕几个最基本的问题展开的。参加了五次大会后，查理·芒格为我做了一个总结："你听到的又是一次教义问答吧？"

如果把见证周六的问答环节比作去教堂，那股东大会召开的那个周末剩余的时间就像是节日的家庭团聚了。周末会有很多专业人士的聚会，也会有很多社交活动，你可以去结识新朋友，也可以去见见老朋友。下面列出了我每年去奥马哈朝圣时的重点安排：

1. 谈话。参加内布拉斯加大学/鲍勃·迈尔斯峰会（周四）；参加克瑞顿大学的圆桌论坛（星期五）。
2. 活动。参加安迪和派特·基尔帕特里克（Andy & Pat Kilpatrick）组织的聚会；参加惠特尼·蒂尔森（Whitney Tilson）的招待会。
3. 壮观场面。伯克希尔的很多子公司会在会场巨大的展厅里销售打折商品。
4. 现场。莉斯·克莱曼（Liz Claman）会在希尔顿酒店的大厅里采访伯克希尔众多子公司的首席执行官们。
5. 外出。观看美国职业棒球小联盟的比赛（周五晚上）；逛波仙珠宝店（周六下午）。
6. 餐厅。V. 默茨餐厅（V. Merz）（每年支付账单时我们都会预订好下一年的座位）。
7. 人。跟我的忠实读者们见面，有来自俄克拉何马州的，也有从印度远道而来的！
8. 私人时间。为《奥马哈世界先驱报》的年会特刊撰写专栏文章。
9. 图书销售方法。约翰·佩特里 （John Petry）和乔尔·格林布拉特（Joel Greenblatt）在2001年创立价值投资者俱乐部后购买了5000本《巴菲特致股东的信——股份公司教程》，他们在会场入口外停了一辆大货车，向参会者免费分发这本书。

10. 家人。每年都跟我妻子斯蒂芬尼共度周末！

后记

从1996年到2016年，伯克希尔发生了很多变化，特别是公司的规模已经翻了很多倍。1996年时，它持有的还仅仅是一些公司少数的普通股，到了2016年，它已经成长为一个企业集团，旗下已经拥有众多全资子公司——其中有10家子公司的规模都非常大，其中任何一家都有资格单独跻身世界500强之列。

在过去的20多年里，伯克希尔已经积累了大量盈余现金，巴菲特和芒格有效利用了这些，现今已为企业构筑出一个坚强的堡垒。它的力量源自伯克希尔的财务经营和收购：主要是通过留存收益，再加上报销浮存金和递延税金带来的贡献。

伯克希尔一般不用银行或其他中介机构。伯克希尔借入资金的例子非常有限，而且主要是用于资金密集型和受管制的公

	1996年	2016年
每股账面价值	2万美元	15万美元
A股股价	3.5万美元	20万美元
市值	600亿美元	3,200亿美元
可转售证券的账面价值	300亿美元	1,200亿美元
经营资产的账面价值	20亿美元	5,000亿美元
净收益	25亿美元	200亿美元
全资直属子公司	15家	60家
直属子公司的收购成本	小于50亿美元	大于1,700亿美元
股东的股本	250亿美元	2,500亿美元
浮存金	70亿美元	850亿美元
董事	6人	12人
员工	3.3万人	35万人
总部员工	12人	25人
参加年会人数	7,000人	4万人

伯克希尔：1996 v. 2016

除了每股的数值外，其他数值的单位都是10亿美元。为突出起见，很多数值取的是平均值或整数值。

用事业和铁路业务，借的都是固定利率的长期贷款。利用传统的债务或许可以让伯克希尔取得更好的经营业绩，但借的钱通常成本很高，而且还有违约风险和附带损害。

保险承保后，由于有长期纪律的约束，浮存金（也就是保户向保险公司交纳的保费）会增长到一个很大的量级。在伯克希尔，1996年的浮存金仅为70亿美元，但到了2016年，这个数字就攀升到了840亿美元。由于持有周期较长，伯克希尔的递延税金目前已累积近580亿美元，这使得非传统来源的资金就已经高达1,420亿美元。

跟浮存金（或递延税金）不同，银行债务都有契约，订明了利息和到期日。贷款通常是由代理商运营的，无论是从贷款的规模、期限、成本，还是契约而言，代理商的利益跟借款人的利益都存在冲突。伯克希尔的自给自足带来了负债杠杆效益（更多的资产得到了有效利用），同时又没有成本、限制和矛盾。

伯克希尔另一个自给自足的鲜明例子跟收购有关。大部分公司都会借助战略规划对目标公司进行侦察和审查，但伯克希尔选择了等待机会，它拒绝了找上门来的大部分公司，但又适时选择了那些很有吸引力的公司。它公开了严格的收购标准，其中包括要求收购要约必须包含报价——在伯克希尔的收购历史上，讨价还价的情况极其罕见。

此外，在典型的收购案中，进行协议条款谈判的同时，会计师们会测验一家公司的财务控制能力和财务数字，而律师们会调查公司的合同、合规和诉讼事宜。这种审查通常是在公司的总部完成，通常会开很多的会，主要负责人会全面了解情况，并会巡视目标公司的各种设施。整个过程可能花费几个月的时间，而且会产生一大笔费用。伯克希尔——很骄傲地说——几乎不做这些事情。

巴菲特跟人谈事经常只用几分钟的时间，有时候只需一个电话就能达成交易。开会不到两个小时就达成交易的情况很常见，最长也几乎不会超过一周，很快就会签署正式的合同。从初次接触算起，很多交易——包括那些涉及数十亿美元的交易——都能够在一个月之内彻底完结。整个过程不需要借助太多的信息，因为巴菲特和芒格在商业领域的阅读量非常惊人，他们事先就已经对很多公司有了广泛的认知和充分的了解。

另外，他们还严格要求自己只涉足擅长的领域，如果他们对某些领域缺乏了解，他们会知道这一点，而且会选择敬而远之。伯克希尔未曾收购一家高科技公司并非偶然。如果用一句话概括罗伯特·哈格斯特朗对这种做法的评论，那就是："留意你的认知缺陷。"如果要概括一下查理在研讨会上的发言，那就是："害怕你自己的愚笨吧。"

很多人都想复制伯克希尔·哈撒韦，从谷歌这样的领军企业到马克尔这样的小保险公司都有这种想法。马克尔公司对伯克希尔的有意模仿还非常成功，虽然这家公司的规模比较小。伯克希尔的很多子公司本身就是大型的企业集团，真正的小伯克希尔不仅包括美联集团和斯科特·费策尔集团，还包括伯克希尔·哈撒韦能源公司、工业MiTek集团和精密金属零件制造公司。

很多商业人士梦想着有朝一日也能打造出伯克希尔这样的企业集团，就像很多文学青年都希望写出下一本畅销小说一样。这的确是能够做到的，只不过可能规模不太一样或者程度不太一样。更务实的想法是效仿伯克希尔的某些原则和做法，特别是自给自足、自主权、去中心化、永久和信任等。

采用伯克希尔模式能够在收购市场上营造出竞争优势，无论你的对手是战略收购者还是私募股权公司。举例来说，通用电气就无法提供自主权或永久性。通用电气的收购意愿很强，但剥离资产的倾向也很明显。大家都知道，通用电气的前首席执行官杰克·韦尔奇对子公司有一个明确的要求，那就是如果不能在既定的时间内做到行业第一，他就会把公司关掉或者卖掉。他的继任者杰夫·伊梅尔特（Jeffrey R. Immelt）就曾在通用电气实施了一个重大的业务剥离项目。私募股权公司采取的都是干涉战略，而且只做短期设计。他们会打造一个为期十年的资本周期（耕耘五年，收获五年），而且会迅速改变目标公司的管理人员、文化、员工和生产设备，为再次出售公司做好准备。

如果说伯克希尔只有一点值得所有上市公司学习的话，那一定是长远眼光的价值。如果急躁的分析师和某些激进的股东成天追着上市公司的经理们要业绩，甚至要求他们必须在当前这个季度或当年完成特定的收入和利润指标，就会迫使经理们只能先关注短期的业绩了。如果只是一味削减今天的成本，如果只是关注目前收益的最大化，就很可能会牺牲公司未来的经济收益。

尽管伯克希尔在过去的20年里取得了巨大的增长，但巴菲特始终坚守着他的投资哲学。如果我们现在再举办一次类似的研讨会，我们还会把1996年的所有分组会议包括在内，而且大家讨论的问题跟最初探讨的那些问题会非常类似。我们还会增加一些分组会议，讨论一下伯克希尔的规模、它那特立独行的管理体系、收购方式和高度分权的做法。我们还会为伯克希尔的子公司及其管理者专门组织分组会议，深入讨论他们的运营情况以及伯克希尔的企业文化。

研讨会不再是两天，而是延长到四天；我们不仅会继续为与会者提供可口可乐和喜诗糖果，而且还会提供DQ冰激凌以及任何可能需要海因茨调味品（译者注：伯克希尔下属公司的调味品品牌）的东西。既然现今的伯克希尔已经成了美国公司的一个缩影，我们能够提供的纪念品就不仅仅是一个立方体了，可能还会包括服装、珠宝或节日用品。如果上一次参会的嘉宾再次参加，我们可以向他们保证一点，那就是：这又将是一场机智和智慧的盛宴！

索引

（以上为原版书的索引顺序）

2021 巴菲特致股东的信

伯克希尔股价表现vs.标普500指数

年度增长率%

年度	伯克希尔每股市值	标普500指数（含股息）
1965	49.5	10.0
1966	（3.4）	（11.7）
1967	13.3	30.9
1968	77.8	11.0
1969	19.4	（8.4）
1970	（4.6）	3.9
1971	80.5	14.6
1972	8.1	18.9
1973	（2.5）	（14.8）
1974	（48.7）	（26.4）
1975	2.5	37.2
1976	129.3	23.6
1977	46.8	（7.4）
1978	14.5	6.4
1979	102.5	18.2
1980	32.8	32.3
1981	31.8	（5.0）
1982	38.4	21.4
1983	69.0	22.4
1984	（2.7）	6.1
1985	93.7	31.6

续表

年度	伯克希尔 每股市值	标普500指数 （含股息）
1986	14.2	18.6
1987	4.6	5.1
1988	59.3	16.6
1989	84.6	31.7
1990	（23.1）	（3.1）
1991	35.6	30.5
1992	29.8	7.6
1993	38.9	10.1
1994	25.0	1.3
1995	57.4	37.6
1996	6.2	23.0
1997	34.9	33.4
1998	52.2	28.6
1999	（19.9）	21.0
2000	26.6	（9.1）
2001	6.5	（11.9）
2002	（3.8）	（22.1）
2003	15.8	28.7
2004	4.3	10.9
2005	0.8	4.9
2006	24.1	15.8
2007	28.7	5.5
2008	（31.8）	（37.0）
2009	2.7	26.5
2010	21.4	15.1
2011	（4.7）	2.1

续表

年度	伯克希尔 每股市值	标普500指数 （含股息）
2012	16.8	16.0
2013	32.7	32.4
2014	27.0	13.7
2015	（12.5）	1.4
2016	23.4	12.0
2017	21.9	21.8
2018	2.8	（4.4）
2019	11.0	31.5
2020	2.4	18.4
年复合收益率（1965—2020）	20.0%	10.2%
总收益率（1964—2020）	2,810,526%	23,454%

注：表中所列为年度数据，但下述年度的数据较为特殊：1965年度和1966年度的数据均截至9月30日；1967年度截至12月31日，长度为15个月。

致伯克希尔·哈撒韦公司的股东们：

依据一般公认会计原则（GAAP），伯克希尔2020年共实现盈利425亿美元，其中包括运营利润219亿美元，已实现的资本收益49亿美元，未实现的净资本收益267亿美元（也就是我们的持股浮盈），以及我们的几个子公司和分公司的价值减计损失110亿美元。上述收益均为税后数据。

运营利润是最重要的，即便这不是一般公认会计原则下财务报表中最大的数额。在伯克希尔，我们始终有两个工作重心：一是努力增加我们的运营利润，二是收购大型的优质企业。遗憾的是，这两个目标去年都没有实现：伯克希尔没有进行上规模的收购，运营利润还下滑了9%。不过，我们的确通过留存收益和回购约5%的股份提高了伯克希尔的每股内在价值。

在一般公认会计原则下，跟资本损益有关的两个科目每年都变幻莫测，这也是股市波动的反映。不管现在的数字如何，我和我常年的合作伙伴查理都坚信，随着时间的推移，伯克希尔来自控股投资的资本收益将是非常可观的。

正如我一直强调的那样，我和查理把伯克希尔持有的流通股（截至去年底市值为2,810亿美元）视为一个商业集合。我们不掌控这些公司的运营，但我们能够凭借持有的股份分享公司的长期发展带来的回报。不过，从会计的角度看，我们在这些公司利润中的占比不会计入伯克希尔的收入。相反，计入账簿的仅仅是这些公司派发给我们的股息。依照一般公认会计原则，我们在这些公司的大额留存收益中所占的部分在伯克希尔的财务报表上是看不出来的。

然而，看不见并不意味着可以忽视：这些未记录的留存收益通常能给伯克希尔持续创造价值——很大的价值。我们投资的这些公司会用留存的资金扩充自己的业务、对外进行收购、付清债务，而且还会经常用来回购他们自己的股票（这无疑会进一步增大我们在其未来收益中所占的份额）。去年我就说过，在美国的整个发展史上，留存收益一直是企业发展的助推剂。随着时间的流逝，在卡内基和洛克菲勒那里奏效的魔法也让数以百万计的股东们受益匪浅。

当然了，有些公司可能会让我们失望，他们留存的资金可能不会给公司带来任何增值。不过其他公司的表现可能会超乎我们的预期，有些还相当亮眼。总体而言，我们希望，在伯克希尔非控股公司（这是别人给我们的资本组合贴的标签）留存收益中所占的份额，最终能够带给我们至少不低于留存收益当时本身价值的收益。在过去的56年里，我们的希望从未落空。

基于一般公认会计原则计算的最后一个数字，也就是那个难看的110亿美元减计，几乎完全是我在2016年犯的一个错误造成的。那一年，伯克希尔收购了精密机件公司（Precision Castparts，PCC），当时我付的钱太多了。

没有任何人以任何方式误导我，只不过是我对PCC正常情况下的盈利潜力过于乐观了。去年，整个航空航天产业面临的不利局面暴露了我的误算，而PCC的大部分重要客户都来自这个行业。

在收购PCC时，伯克希尔买的是一家不错的公司——是业内最好的。PCC的首席执行官马克·丹根（Mark Donegan）始终是一位充满激情的经理人，他在业务上投入的精力并没有因为被我们收购而有所改变。由他负责公司的运营，我们很幸运。

我认为随着时间的推移，PCC在净有形资产上的投入会获得很好的回报，这个结论没错。不过，我错在对未来平均盈利额的判断上，结果造成我在计算该业务的合理收购价格时出现了失误。

PCC远不是我犯的第一个此类错误，却是一次大错。

两手准备

伯克希尔经常被贴上“企业集团”的标签，这是个贬义词，适用于那些拥有五花八门的业务但彼此之间毫无关联的控股公司。是的，可以这样描述伯克希尔，但这么描述并不完全准确。为了说明我们与所谓的企业集团有什么不同，让我们先来回顾一下历史。

一直以来，企业集团的收购策略仅局限于买下整个公司。不过，这种策略会带来两大问题，其中一个问题是无法解决的：大多数真正伟大的企业都不愿意被任何人接管。结果就是渴望收购的企业集团不得不把目光投向那些不那么重要也没有持久竞争力的普通公司，然而，在这个池塘里可钓不到大鱼。

此外，这些被迫网罗普通公司的企业集团发现，要想让鱼儿上钩，拿到控制权，他们往往需要付出惊人的溢价。渴望成功的企业集团想出了解决惊人溢价问题的办法：他们只需要想办法让自己的股票被大幅高估，然后用这些股票作为“货币”进行高价收购。（“我用两只价值5,000美元的猫，买你那价值10,000美元的狗。”）

通常来说，抬高企业集团股价的手段包括营销技巧和“富有想象力的”会计操作。往好了说，这些手段算是骗人的把戏，但实施这些手段时往往容易越界成为诈骗行为。一旦这些伎俩“奏效”，企业集团就能把自己的股价抬高，比如说，抬高到其商业价值的三倍，以便以目标公司自身价值的两倍将其收入囊中。

这种投资幻影能够持续的时间可能非常惊人。华尔街喜欢交易达成时产生的费用，媒体也喜欢操盘手们提供的精彩故事。此外，从某种程度上来说，刻意推动下飙升的股价本身也可以成为幻影照进现实的“证据”。

当然了，狂欢派对总会结束。此时人们才发现，很多商业大佬光鲜的外表其实只是“皇帝的新装”。类似的剧情在金融史上一再上演。很多企业集团的掌门人曾经被记者、分析师和投资银行家捧为商业奇才，但他们打造的商业帝国最终却成了一地鸡毛的垃圾场。

企业集团的坏名声其实是他们咎由自取的。

****

我和查理希望我们的企业集团是一个拥有各种业务的多元化

集团，希望我们拥有全部或部分股权的公司都有良好的经济特性和优秀的经理人。至于伯克希尔是否控股这些公司，对我们来说其实并不重要。

我花了一段时间才想明白这一点。但查理的劝说和我在伯克希尔纺织业务运营上20年的挣扎最终让我意识到：成为一家优秀公司的非控股股东远比100%控股一家边际企业更有利可图、更令人愉快，而且工作量也要少很多。

基于上述原因，我们的企业集团将依然是一个由控股公司和非控股公司组成的集合体。我和查理只会把你们的资金配置到我们认为最合理的公司身上，我们的评判依据包括一家公司的长期竞争优势、管理团队的能力和特点，以及公司的股价。

如果这种策略只需要我们付出很少的精力或者不需要额外付出什么精力，那当然再好不过了。经商跟跳水比赛不同，不需要借助"高难度"的动作得分。正如罗纳德·里根（Ronald Reagan）所言："总有人说，努力工作又不会死人，但我想说的是，为什么要冒这个险呢？"

传家宝及我们如何让你们拥有的宝石增值

在A-1页，我们列出了伯克希尔的子公司，截至去年底，这些业务繁杂的子公司已经拥有36万名员工。你们可以在本报告后面的10-K部分看到这些控股公司的详细信息。这封信的第7页列举了我们拥有部分股权但不控股的主要公司。那些公司的业务也很繁杂，而且规模也很大。

不过，伯克希尔的大部分价值体现在四大业务板块上，其中三个是我们控股的，还有一个我们仅占股5.4%。这四大板块都是珍宝。

价值最大的板块是我们的财产/意外灾害保险业务，53年来一直是伯克希尔的核心所在。在保险领域，我们旗下的保险公司是独一无二的。保险业务的运营经理阿吉特·贾因也是如此，他早在1986年就加入了伯克希尔。

总体而言，我们的保险舰队运营的资金远远超过全球范围内的任何竞争对手。这种财务实力，再加上伯克希尔每年从非保险业务中获得的巨额现金流，使得我们旗下的保险公司能够安心遵循以股权投资为主的策略，这对绝大多数的保险公司来说是行不通的。无论是出于监管还是信用评级的原因，那些竞争对手都只能将重心放在债券投资上。

然而，现如今债券可不是一个好的投资方向。你能相信吗？10年期美国国债2020年底的收益率仅为0.93%，跟1981年9月的15.8%相比，收益下降了94%！在某些重要的大国，比如德国和日本，投资者从数万亿美元主权债务中获得的收益竟然是负数。无论是养老基金、保险公司，还是退休基金，全世界的固定收益投资者面临的都是一个惨淡的未来。

有些保险公司以及其他债券投资者，可能会试图转向购买高风险发行人发行的债券，希望能够借此提高目前少得可怜的投资回报率。然而，高风险贷款并不是解决利率不足的办法。30年前，曾经辉煌一时的储蓄信贷行业自毁前程，部分原因就是忽略了这一点。

伯克希尔现在坐拥1,380亿美元的保险“浮存金”——这笔资金不属于我们，但我们可以用来进行各种投资，无论是债券、股票，还是美国国库券之类的现金等价物。

浮存金跟银行存款有一些相似之处：保险公司每天都有进出的现金流，但持有的现金总量变化不大。在可以预见的很多年内，伯克希尔持有的资金总量可能都会保持在目前的水平。累积起来看的话，我们的运营成本基本为零。当然，这个令人满意的结果也可能会改变，但从长久来看，我认为我们的胜算还是很大的。

在每年写给你们的信里，我都会不厌其烦地解释我们的保险业务，有些人可能会说我有点儿没完没了。那么，今年我就不赘述了，想对我们的保险业务和浮存金有更多了解的新股东请参阅A-2页的内容，上面转载了2019年的报告中与此相关的部分。你们既要了解我们的保险业务面临的机遇，也要了解相应的风险，这一点非常重要。

我们第二和第三大最有价值的资产目前几乎是平分秋色，它们分别是伯克希尔100%持股的伯灵顿北方圣太菲铁路运输公司（BNSF，也是美国货运量最大的铁路运输公司）和我们持有的苹果公司5.4%的股权。排名第四的是我们持股91%的伯克希尔·哈撒韦能源公司（BHE）。这是一家很不寻常的公用事业公司，在我们控股后的21年时间里，BHE的年度收益从1.22亿美元增长到了34亿美元。

在这封信的后半部分，我还会对BNSF和BHE做更多的说明。不过现在我想谈谈伯克希尔定期使用的一种操作方法，这个方法能够强化四大业务板块以及伯克希尔拥有的众多其他资产带给你们的收益。

****

去年，我们花费了247亿美元回购了等值于80,998股A股的股票，表明了我们对伯克希尔旗下资产的热情。这一行动让股东们在伯克希尔整体业务中的持股比例增加了5.2%，而且是在根本不需要你们自己掏腰包的情况下完成的。

我们回购这些股票时遵循了我和查理长期以来建议的标准：对于继续持有股票的股东来说，回购能够提升每股股票的内在价值，同时又能让伯克希尔拥有充裕的资金把握任何新的机会或应对可能遇到的问题。

我们绝不认为仅仅因为伯克希尔的股票处在某个价格就应该进行回购。我之所以强调这一点，是因为美国上市公司的首席执行官们有一个尴尬的记录：当股价上涨时，他们会投入更多的公司资金用于回购，而不是在股价大幅下跌时才这么做。我们的做法恰恰相反。

伯克希尔对苹果公司的投资生动地说明了回购的力量。我们从2016年底开始购买苹果的股票，（经拆股调整后）到2018年7月初持有10亿股出头的苹果股票。我说的这个数字指的是伯克希尔总分类账户中持有的投资股份，另外有很小一部分单独管理的苹果股票并未包含在内，那部分股票持有不久后就出售了。在2018年中期完成购买时，伯克希尔的总分类账户共持有苹果公司5.2%的股份。

为此我们付出的持股成本是360亿美元。从那以后，我们不仅每年都能享受苹果公司派发的股息——大约是每年7.75亿美元，而且还在2020年通过出售一小部分股票实现了10亿美元的收益。

尽管卖了一部分股票，可是你们瞧瞧，伯克希尔目前却已持有苹果公司5.4%的股份。增加的这0.2个百分点对我们来说是没有成本的，这是因为苹果公司也在持续回购自己的股票，从而大大减少了它现在的流通股数量。

不过好消息远不止如此。由于我们这两年半的时间里也回购了伯克希尔的股票，你们现在间接拥有的苹果公司资产和未来的收益比2018年7月时整整多出了10%。

这种令人愉快的动态收益还在持续。伯克希尔从去年底以来回购了更多股票，而且将来可能还会进一步减少公司的股票数量。苹果公司也已公开表示有意回购自己的股票。随着这两家公司流通股的减少，伯克希尔的股东们不仅能从我们的保险业务、BNSF和BHE获得更大的收益，而且还会发现他们间接拥有的苹果公司股份也在增加。

如果仅仅从数学计算的角度看，通过回购获益的确是一个缓慢的过程，但随着时间的推移，回购带来的回报会非常丰厚。这个过程提供了一种简单的方式，让投资者在优质企业中拥有的份额不断扩大。

正如好莱坞老牌性感女星梅·韦斯特（Mae West）所言："好东西真是多多益善。"

投资

下面列出的是截至去年年末我们所持市值最大的15只普通股的情况。我们没有列出持有的卡夫亨氏公司股票，是因为伯克希尔本身是控股集团的一部分，因此必须按照"权益"法核算这笔投资。伯克希尔在卡夫亨氏的持股数量是325,442,152股，在伯克希尔的资产负债表上，依据一般公认会计原则，这些股票的账面价值为133亿美元，相当于2020年12月31日伯克希尔在卡夫亨氏经审计的净值中所占的份额。不过，请注意，那一天我们在卡夫亨氏持有的股票市值仅为113亿美元。

2020年12月31日

持股数量*	公司名称	伯克希尔所持股份比例	成本**	市值
			（单位：百万美元）	
25,533,082	艾伯维	1.4	2,333	2,736
151,610,700	美国运通	18.8	1,287	18,331
907,559,761	苹果公司	5.4	31,089	120,424
1,032,852,006	美国银行	11.9	14,631	31,306
66,835,615	纽约梅隆银行	7.5	2,918	2,837
225,000,000	比亚迪	8.2	232	5,897
5,213,461	特许通信	2.7	904	3,449
48,498,965	雪佛龙公司	2.5	4,024	4,096
400,000,000	可口可乐	9.3	1,299	21,936

续表

持股数量*	公司名称	伯克希尔所持股份比例	成本**	市值
			（单位：百万美元）	
52,975,000	通用汽车	3.7	1,616	2,206
81,304,200	伊藤忠商事	5.1	1,862	2,336
28,697,435	默克公司	1.1	2,390	2,347
24,669,778	穆迪公司	13.2	248	7,160
148,176,166	美国石棉	9.8	5,638	6,904
146,716,496	威瑞森通信公司	3.5	8,691	8,620
	其他***		29,458	40,585
	持有普通股总市值		108,620	281,170

*未计入伯克希尔子公司退休金基金的持股。

**这是我们的实际购买价格和课税基础。

***包括对美国西方石油公司100亿美元的投资，由优先股和购买普通股的认股权证组成，目前价值90亿美元。

双城记

成功的故事在美国比比皆是。自从美国诞生以来，不少拥有一个好点子、有抱负且往往只有极少资本的人，通过创新或改善客户体验获得了他们连做梦都想不到的巨大成功。

我和查理曾游历全美，同这些人或者他们的家人接触并建立合作关系。在西海岸，我们的旅程始于1972年，那一年我们收购了喜诗糖果（See’s Candy）。整整一个世纪前，玛丽·西（Mary See）推出了一种用新配方改造后的古老产品。除了不错的商业计划外，她还开设了一些古色古香的店铺，里面有态度友好的销售人员。她在洛杉矶开的第一家小专卖店最终发展成了几百家商店，遍布美国的整个西部地区。

今天，玛丽·西夫人独创的产品依然让客户感到满意，而且还为数以千计的男男女女提供了终身就业的机会。伯克希尔要做的工作很简单，那就是不要搅和喜诗的成功模式。当企业的业务是生产和销售非刚需的消费性产品时，顾客就是老板。100年后，顾客向伯克希尔传递的信息依然非常明确："不要乱动我的糖果。"（喜诗糖果的网址是https://www.sees.com，不妨试试他们的花生脆糖。）

接下来让我们横穿大陆来到华盛顿特区。1936年，利奥·古德温（Leo Goodwin）和他的妻子莉莉安开始认识到，通常从代理商那里购买的标准化汽车保险产品完全可以直接以较低的价格卖给客户。怀揣10万美元启动资金，夫妻俩跟那些拥有1000倍甚至更多资本的保险巨头展开了较量。政府雇员保险公司（后来简称为GEICO）从此开始了它的漫漫征途。

幸运的是，我在70年前就看到了这家公司的潜力。它立即就成了我的初恋（我是说投资方面的初恋）。后面的故事你们都很清楚了：伯克希尔最终拿下了GEICO 100%的股份。如今，这家公司已经84岁高龄了，虽然一直在做精细化的调整，但从未改变利奥和莉莉安最初规划的愿景。

不过，公司的规模可是发生了巨大的变化。1937年，也就是公司正式投入运营的第一年，GEICO的营收是238,288美元。去年这个数字是350亿美元。

****

如今，许多政府机构和金融、传媒、科技公司都位于沿海地区，这让人们很容易忽视发生在美国中部的诸多奇迹。我们不妨聚焦两个地区，这两个地区发生的故事令人惊叹，足以说明美国的任何地方都有天赋异禀、壮志凌云的人。

我们首先要说的地方就是奥马哈，对此你们应该不会感到惊讶。

1940年，毕业于奥马哈中心高中（也是查理、我父亲、我的第一任妻子、我们的三个孩子和两个孙儿的母校）的杰克·林沃尔特（Jack Ringwalt）决定创建一家财产/意外灾害保险公司，他的启动资金是12.5万美元。

当时杰克的梦想显得有些荒唐，因为这要求他那微不足道的小公司去跟那些资本雄厚的保险巨头竞争，而且他还自命不凡地把公司命名为国民赔偿保险公司。此外，那些竞争对手的业务已是枝繁叶茂、根深蒂固，他们早就依托资金充裕的代理商搭起了遍布全美的网络。跟GEICO的拓展策略不同，在杰克的计划中，国民赔偿保险公司会使用任何愿意屈尊接受它的代理机构，这意味着它在收购业务上没有任何成本优势。为了克服这些巨大的障碍，国民赔偿保险公司专注于为那些“稀奇古怪的”风险承保，在保险巨头们眼里，此类业务根本不重要。令人难以置信的是，国民赔偿保险公司非同寻常的策略竟然成功了。

杰克诚实、精明、讨人喜欢，还有点儿古怪。他特别不喜欢监管机构。每当被它们的监督搞得心烦意乱时，他就有卖掉公司的冲动。

幸运的是，有那么一次我就在附近。杰克愿意加入伯克希尔，于是我们在1967年达成了交易，整个过程只用了15分钟。我都没要求对他的公司进行审计。

现在，国民赔偿保险公司是全世界唯一一家愿意为某些巨大风险承保的公司。是的，它的总部还在奥马哈，距离伯克希尔的总部只有几英里。

这些年来，我们又从奥马哈地区收购了四家企业，其中最著名的是内布拉斯加家居城（Nebraska Furniture Mart，NFM）。这家公司的创始人罗丝·布鲁姆金 （Rose Blumkin，“B夫人”）1915年从俄罗斯移民美国，来到了西雅图，当时她既不会读也不会说英语。几年后她在奥马哈定居，到1936年时，她已积攒下2,500美元，并用这笔钱开了一家家具店。

竞争对手和供应商们都没把她放在眼里，有那么一段时间，他们的判断看起来并没错。第二次世界大战让她的业务陷入了停滞状态，截至1946年底，公司的净资产仅增长到72,264美元。抽屉里和银行账户上的现金加起来只有50美元（我没打错字）。

然而，1946年的数字中并没有记录一个无价之宝：B夫人唯一的儿子路易·布鲁姆金（Louie Blumkin）在美国军队服役四年后重新加入了家具店。路易在诺曼底登陆后参加了诺曼底奥马哈海滩的战斗，并因在突出部战役中负伤荣获紫心勋章，最终于1945年11月乘船回国。

B夫人和路易重逢后，就没有什么能阻止NFM的发展了。在梦想的驱使下，母子俩白天、黑夜、周末都在工作。结果就是他们创造了一个零售奇迹。

到了1983年，母子俩的公司已经价值6,000万美元。那一年，在我的生日那天，伯克希尔收购了NFM 80%的股份。我们同样没有对这家家具店进行审计。我要继续让布鲁姆金的家族成员来运营这家公司，目前公司的管理者是该家族的第三代和第四代成员。应该指出的是，B夫人每天都在工作，一直工作到103岁——在我和查理看来，这是一个可笑的提前退休年龄。

目前，NFM拥有全美最大的三家家居用品店。虽然因为新冠疫情关闭了六周多，但这三家店在2020年都创造了辉煌的销售记录。

这个故事的后记说明了一切：每当B夫人的大家庭在节日期间聚餐时，她都会要求大家在吃饭之前唱首歌。她的选择从未改变：欧文·柏林（Irving Berlin）创作的《上帝保佑美国》（*God Bless America*）。

****

现在，让我们稍微往东，关注一下田纳西州的第三大城市诺克斯维尔。伯克希尔有两家出色的公司位于这个城市，分别是：克莱顿之家（Clayton Homes，100%持股）和领航旅游中心（Pilot Travel Centers，目前持股38%，但到2023年将增至80%）。

这两家公司的创始人都是毕业于田纳西大学并留在诺克斯维尔的年轻人。两个创始人起初都没有太多的资金，他们的父母也并不富裕。

可是，那又怎样呢？如今，克莱顿之家和领航的税前年收益都超过10亿美元。两家公司的男女雇员加起来约为4.7万人。

吉姆·克莱顿（Jim Clayton）在经历过几次商业冒险后，于1956年以极少的资金创建了克莱顿之家。1958年，“大个子吉姆”·哈斯拉姆（“Big Jim” Haslam）花6,000美元买了一家服务站，创建了领航旅游中心。后来，两位创始人都带了一个儿子进入他们的行业，儿子有着和他们父亲一样的激情、价值观和商业头脑。有时候，基因还真是一种魔力。

最近，已经90岁的“大个子吉姆”·哈斯拉姆写了一本励志书。在书中，他讲述了吉姆·克莱顿的儿子凯文是如何鼓励哈斯拉姆一家把领航的很大一部分股份卖给伯克希尔的。每个零售商都知道，满意的顾客是一家店最好的销售人员。没错，公司易手时也是如此。

****

当你下次乘飞机飞越诺克斯维尔或奥马哈时，记得向克莱顿一家、哈斯拉姆一家、布鲁姆金一家，以及遍布全美的成功企业家大军致敬。这些创造者需要美国的繁荣框架（1789年精心规划的一次独特实验）才能发挥潜能。反过来，美国也需要像吉姆·克莱顿、“大个子吉姆”·哈斯拉姆、B夫人和路易这样的杰出公民来实现我们的开国元勋们梦寐以求的奇迹。

今天，有很多人在世界各地创造了类似的奇迹，创造了有利于全人类的繁荣局面。然而，在美国建国后的232年里，还没有出现另一个像美国这样能够有效激发人类潜能的温床。尽管出现过严重的中断，但美国的经济进步还是令人叹为观止的。

除此之外，我们始终没有忘记宪法中那个美好的愿望：建立一个“更完善的联邦”。这方面的进展比较缓慢、很不均衡而且经常令人沮丧，不过，我们已经在前进了，而且还将继续前进。

我们坚定不移的结论就是：永远不要做空美国。

伯克希尔的伙伴关系

伯克希尔是一家位于特拉华州的公司，我们的董事们必须遵守该州的法律，其中要求之一就是，董事会成员的行为必须以公司及其股东的最大利益为出发点。我们的董事们接受这一信条。

当然了，伯克希尔的董事们也希望公司能够让客户满意，能够让36万名员工中的人才得到培养和奖励，能够诚实正直地跟贷款机构打交道，能够被我们的业务所在的众多城市和州视为模范企业公民。我们非常看重这四大重要群体。

然而，这些群体在股息分配、战略方向确定、首席执行官甄选、收购和剥离股权等事务上都没有投票权。此类责任需要完全由伯克希尔的董事们承担，他们必须忠诚地代表公司及其所有者的长远利益。

除了法律要求之外，我和查理都觉得，我们对伯克希尔的许多个人股东负有特定的义务。我们的一些个人经历或许有助于你们了解我们和这些股东之间非同寻常的依恋关系，以及这种依恋关系是如何影响我们的行为的。

****

在进入伯克希尔之前，我通过一系列合伙关系为许多个人管理资金，其中最早的三个合伙实体形成于1956年。但随着时间的流逝，同时运营多个实体变得难以控制了，于是，我们在1962年将12个合伙实体合并为一个，也就是巴菲特合伙有限公司（Buffett Partnership Ltd.，BPL）。

截至1962年，事实上我和我妻子所有的钱都用来跟我那些有限合伙人一起投资了。我不领取任何薪水，也不收取任何费用。相反，作为普通合伙人，只有在我的有限合伙人的年收益超过6%的门槛后，我才能拿到报酬。如果年收益未达到6%，差额将从我未来的利润份额中补扣。（幸运的是，这种情况从未发生，合伙企业的年收益总是超过6%。）随着时间的推移，我父母、我的兄弟姐妹、我的堂表兄弟姐妹、我爸妈的兄弟姐妹，以及诸多姻亲的大部分资源都投到了这家合伙公司里。

查理的合伙公司是1962年成立的，运作方式跟我非常相似。我们俩都没有任何机构投资人，我们的合伙人也没有几个熟悉财务的。加入我们的人仅仅是出于对我们的信任，他们相信我们会像对待自己的钱一样对待他们的钱。这些人要么是凭直觉，要么是得到了朋友的建议，总之他们得出了一个正确的结论：我和查理极度厌恶资本的永久亏损，除非我们预期能给他们带来不错的回报，否则我们不会接受他们的钱。

1965年BPL获得了伯克希尔的控制权后，我也就闯入了商业管理领域。后来到了1969年，我们决定解散BPL。年底过后，合伙公司开始按比例分配所有的现金和持有的三只股票，其中价值最大的就是BPL在伯克希尔70.5%的持股。

查理则是在1977年关掉了他的合伙企业。在他分配给合伙人的资产中，包括大部分蓝带印花公司（Blue Chip Stamps）的股份，这是他的合伙企业、伯克希尔和我共同控制的一家公司。蓝带也是我的合伙公司解散时持有的三只股票之一。

1983年，伯克希尔和蓝带合并，伯克希尔的注册股东人数也因此从1,900人增加到2,900人。我和查理希望所有人——无论是老股东、新股东还是潜在股东——都能达成站在同一立场上，达成共识。

因此，公司在1983年的年度报告中首先阐述了伯克希尔的“主要商业原则”。第一条原则的开头是这么写的：“虽然我们的形式是公司，但我们的心态是合伙人。”这条原则在1983年界定了我们的关系，今天的界定依然如此。我和查理以及我们的董事们都坚信，在未来的几十年里，它依然会是伯克希尔奉行的格言。

****

伯克希尔的所有权目前主要分布在五个大“桶”中，其中之一由我这个所谓的“创始人”占据。这个桶迟早会被清空，因为我持有的股票每年都会捐赠一些给各种慈善机构。

剩下的四个桶有两个被机构投资者占据，它们管理的都是别人的钱。不过，两者的相似点也就到此为止了。他们的投资程序完全不同。

一个机构桶中是指数基金。在投资界，这是一个规模较大而且还在蓬勃发展的重要组成部分。这些基金只是模仿它们跟踪的指数。指数投资者最喜欢的是标普500指数，伯克希尔也是这个指数的一个组成部分。需要强调的是，指数基金之所以持有伯克希尔的股票，只是因为他们被要求这么做。他们完全是“自动驾驶”，买卖股票的唯一目的就是调整“权重”。

另一个机构桶中是为客户管理资金的专业人士。这些资金可能来自任何个人或组织，比如富人、大学、领取养老金的人等。这些专业经理人有权基于他们对估值和前景的判断将资金从一项投资转到另一项投资。这是一份光荣的职业，也是一项艰巨的任务。

我们乐于为这些活跃的机构投资者服务，同时他们也在寻找更好的地方来配置客户的资金。可以肯定的是，有些经理人的眼光很长远，他们的交易频率极低。也有一些经理人会借助计算机算法，在一纳秒之内完成股票的买卖。一些职业投资者会基于他们对宏观经济的判断买卖股票。

我们的第四个桶由个人股东组成。他们买卖股票的方式类似于我刚才描述的活跃的机构经理。当这些股东看到另一项让他们兴奋的投资机会时，他们会把持有的伯克希尔股票视为一个可能的资金来源，对此我们完全可以理解。我们对这种态度毫无怨言，因为我们对伯克希尔持有的部分股票也是这种态度。

话虽这么说，但如果我们跟第五个桶没有特别的亲切感，那我和查理就不会那么人性化了。这个桶里是超过百万的个人投资者，不管未来到底如何，他们都深信我们会代表他们的利益。他们加入我们时就没打算离开，这种心态跟我们最初的那些合伙人非常相似。事实上，当时的很多合伙人以及/或者他们的后代现在依然是伯克希尔的重要股东。

斯坦·特鲁尔森（Stan Truhlsen）就是这些老兵的典型代表，在奥马哈，他是一名开朗而慷慨的眼科医生，私下也是我的好朋友。他在2020年11月13日就100岁了。1959年，斯坦和其他10位年轻的奥马哈医生跟我成立了一家合伙企业。这些医生创造性地把这家企业命名为Emdee。他们每年都会来我家，跟我和我的妻子一起吃一顿庆祝晚餐。

我们的合伙企业在1969年分配伯克希尔的股票时，所有的医生都保留了他们分到的股票。他们对投资和会计的具体细节可能并不了解，但他们肯定知道，在伯克希尔，他们将被视为合伙人。

斯坦有两名来自Emdee的医生同事现在都90多岁了，他们依然持有伯克希尔的股票。这个高寿的群体（再加上我和查理也分别90岁和97岁了）引发了一个有趣的问题：拥有伯克希尔的股票是能让人长寿吗？

****

伯克希尔的个人股东们很不寻常，也是我们非常宝贵的财富，正是因为有这样一个大家庭，你们或许就不难理解为什么我们不愿意讨好华尔街的分析师和机构投资者了。我们已经拥有自己想要的投资人，而且总体而言，我们也不认为替换他们能带来什么质的飞跃。

留给伯克希尔股东们的席位就那么多，换句话说，伯克希尔的流通股有限。我们非常喜欢已经占据这些席位的人。

当然了，有些“合伙人”席位偶尔也会易主。不过，我和查理都希望这种情况越少越好。毕竟，谁愿意不停地更换自己的朋友、邻居或婚姻伴侣呢？

1958年，费雪（Phil Fisher）写了一本关于投资的杰作。在书中，他把运营一家上市公司跟管理一家餐厅做了类比。他说，如果你在寻找食客，可以提供汉堡配可乐或者搭配异国情调葡萄酒的法国大餐，只要你提供的美食有特色，就能吸引顾客并获得成功。不过，费雪警告说，你万万不能经常随意地从一种口味换成另一种口味：你传递给潜在顾客的信息必须跟他们刚进入餐厅时发现的信息保持一致。

在伯克希尔，我们已经提供汉堡和可乐56年了。我们非常珍惜被这样的美食吸引来的顾客。

在美国和世界上的其他地方，有成百上千万的投资者和投机者，他们都能找到适合他们口味的股票，他们都能找到拥有诱人想法的首席执行官和市场专家。如果他们想要目标价格、可操纵的利润和“故事”，他们不难找到追求者。“技术人员”也会信心十足地告诉他们，图表上的哪些波动预示着股票的下一步走势。要求采取行动的呼声永远不会消失。

我还要补充一下，不少这样的投资者会做得很不错。毕竟，股票的所有权在很大程度上就是一个正和博弈游戏。事实上，只要足够耐心且头脑冷静，即便是一只猴子，也能从标普500指数清单上随意选出50只股票，并通过长期持有享受到股息和资本收益，只要它能经受住各种诱惑，不要改变最初的“选择”。

生产性资产都能带来财富——大量的财富，比如农场、房地产，没错，还有企业所有权。拥有这类资产的人都将得到回报，所需的只是时间的流逝、内心的平静、足够多元化，以及交易和费用的最小化。不过，投资者永远都不能忘记，他们支出的费用就是华尔街的收入。而且，跟我的猴子不同，华尔街的那些人可不会仅仅为了得到花生就努力工作。

当伯克希尔的股东席位有空缺时——我们认为这样的空位很少——我们希望占据这些空位的是能够理解并渴求我们所提供的东西的新人。虽然管理伯克希尔已经数十年了，但我和查理仍然无法对结果做出承诺。但我们可以保证，我们也会把你们视为合伙人 。

而且，我们的继任者也会这么做。

一个可能令人惊讶的伯克希尔数字

最近，我了解到一个关于我们的事实，其实对此我从未怀疑过：依据一般公认会计原则，伯克希尔在美国拥有的不动产、工厂和设备的估值比任何其他美国公司都大，正是此类资产构成了美国的“商业基础设施”。对于这些国内“固定资产”，伯克希尔核算的折旧成本是1,540亿美元。紧随我们其后的是美国电话电报公司（AT&T），他们的不动产、工厂和设备总估值是1,270亿美元。

我要补充一点，我们在固定资产所有量上的领导地位本身就不意味着投资上的胜利。最成功的公司应该是这样的：只需要最低限度的资产就能开展高利润的业务，而且提供的货物或服务只需要少量的额外资本就能扩大他们的销售额。事实上，我们拥有一些这样的优秀企业，但它们的规模相对较小，而且增长缓慢。

不过，重资产的公司可以是很好的投资对象。事实上，我们很高兴拥有两大重资产巨头公司：BNSF和BHE。2011年是伯克希尔拥有BNSF的第一个完整年头，当年两家公司共实现利润42亿美元。尽管2020年对很多公司来说是异常艰难的一年，但两家公司还是赚了83亿美元。

在未来的几十年里，BNSF和BHE将需要大量的资本性支出。好消息是，两者都有望为这些增量投资带来恰当的回报。

我们先来看BNSF。你们的这家铁路公司占到了全美非本地货物货运周转量总额的15%左右（按吨英里数计算，也就是1吨的货物移动1英里*的距离），这些周转量囊括了各种运输方式，包括铁路、卡车、管道、驳船和飞机。BNSF的装载量远远超过其他任何一家运输公司。

美国铁路的历史令人着迷。经过150年的疯狂建设、尔虞我诈、过度建设、破产、重组和合并，铁路业终于在几十年前走向了成熟和合理化。

BNSF于1850年开始运营，在伊利诺伊州东北部修建了一条12英里长的线路。如今，BNSF收购和并购的铁路公司累计达到了

* 1英里约等于1.6千米。——编著

390家。这家公司错综复杂的血统可以参阅以下网址：http://www.bnsf.com/bnsf-resources/pdf/about-bnsf/History_and_Legacy.pdf。

伯克希尔在2010年初收购了BNSF。自从被我们收购以来，这家铁路公司已经在固定资产上投资了410亿美元，比它的折旧费用还多出了200亿美元。铁路运输是一项户外运动，长度以英里计的火车必须在极寒和极热环境下可靠地行驶，而且还会经过包含沙漠和山脉在内的各种地形。大洪水也会周期性出现。BNSF拥有长达23,000英里的铁路，遍布美国28个州，它必须不惜一切代价在无比庞大的系统中最大限度地提升安全性和服务质量。

尽管如此，BNSF还是向伯克希尔支付了可观的股息——总计418亿美元。不过，BNSF只有在预留的资金能够满足其运营需求且现金余额不低于20亿美元的情况下才会给我们支付股息。这种保守的政策让BNSF能够以较低的利率借款，而不需要伯克希尔为其债务提供任何担保。

关于BNSF，我想再说一点：去年，该公司的首席执行官卡尔·艾尔斯（Carl Ice）和二号人物凯蒂·法默（Katie Farmer）在控制开支方面工作出色，而且带领公司成功度过了业务的低迷期。尽量载货量下滑了7%，但他们实际上让BNSF的利润率提升了2.9个百分点。卡尔很久前就决定要在年底退休了，凯蒂会接替首席执行官的职位。你们的铁路公司依然有优秀的管理者。

跟BNSF不同，BHE不为其普通股支付股息，这在电力行业是极不寻常的做法。在我们拥有BHE的21年里，一直都是这种斯巴达式的政策。跟铁路不同，我们国家的电力公用事业需要大规模的改造，最终的成本将非常惊人，BHE未来几十年的收益都将投入其中。我们欢迎这一挑战，也相信增加的投资会为我们带来恰当的回报。

我来告诉你们BHE做出的一个巨大努力吧：它承诺投入180亿美元，对已经过时的电网进行大规模的改造和扩建，目前向整个西部输送电力的正是这些电网。BHE于2006年启动了这一项目，预计于2030年完工——是的，2030年。

可再生能源的出现让我们的项目成了一种社会性需求。在历史上，长期盛行的碳基发电都坐落在大型人口中心附近。但是，在风力和太阳能发电的新世界里，最佳地点往往在偏远地区。BHE在2006年进行评估时，必须在西部输电线网上投入巨资就不是什么秘密了。不过，计算完项目所需的成本后，有足够的财力接手这个项目的公司或政府机构就少之又少了。

需要指出的是，BHE之所以决定继续推进，是基于它对美国政治、经济和司法制度的信任。在获得可观的收入之前，必须先投入数十亿美元。输电线路必须跨越各州和其他司法管辖区的边界，每个州都有自己的规则和相关利益群体。BHE还需要跟成百上千的土地所有者打交道，并跟生产可再生能源的供应商及在遥远的地方向客户输送电力的公用事业公司签订复杂的合同。此外，BHE还要让竞争激烈的利益团体、旧秩序的捍卫者，以及渴望立即出现一个新世界的不切实际的梦想家都参与进来。

意外和延误都是肯定的。不过，同样可以肯定的事实是，BHE拥有成熟的管理人才、制度性的投入和充足的财力履行它的承诺。尽管我们的西部输电项目还要很多年才能完成，但我们现在已经在寻觅类似规模的项目了。

不管遇到什么障碍，BHE都将成为提供更清洁能源的领导者。

年会

去年的2月22日，我在信中给你们介绍了年会盛会的规划。可惜还不到一个月，整个计划就作废了。

由梅丽莎·夏比洛（Melissa Shapiro）和伯克希尔的首席财务官马克·汉伯格（Marc Hamburg）领导的总部小组迅速重组。他们的即兴之作竟然奇迹般地发挥了作用。伯克希尔的副主席格雷格·阿贝尔和我一起站到了台上，我们面对的是一个漆黑的剧场、1.8万个空无一人的座位和一台摄像机。没有什么彩排，我和格雷格在“表演时间”开始前45分钟就位。

我出色的助理黛比·博桑尼克（Debbie Bosanek）47年前加入伯克希尔时才17岁，她整理了大约25张幻灯片，上面有我在家里汇集的各种事实和数据。一个能力超群的匿名团队负责操控电脑和摄像机，按照正确的顺序把幻灯片投到屏幕上。

全球直播事宜还是由雅虎负责，当时的观众人数破了历史纪录。美国全国广播公司的贝吉·奎克（Becky Quick）在位于新泽西州的家中负责从数千个问题中挑选出最终要提出的问题——股东们早先已经把问题发送给她，我和格雷格站在台上的4个小时里也不断有观众通过电子邮件给她发送问题。喜诗糖果的花生脆糖和牛奶软糖以及可口可乐给我们补充了所需的能量。

今年的5月1日，我们想办一场更好的年会。我们还是要依靠雅虎和美国全国广播公司的完美表现。雅虎直播的开始时间是美国东部夏令时间的下午1点，只需打开以下网址就可以观看：https://finance.yahoo.com/brklivestream。

我们的正式会议将于美国东部夏令时间的下午1点开始，应该会在下午5点半结束。在下午1点到5点之间，我们会回答贝吉挑选出来的问题。跟往年一样，我们依然不知道到底有哪些问题在等着我们。把你们精心构思的问题发到这个邮箱吧：BershireQuestions@cnbc.com。雅虎的直播将在下午5点半之后结束。

接下来——此处应该有掌声——给大家一个惊喜。今年我们的年会将在洛杉矶举办，而且查理将会跟我一起上台，在3个半小时的问答环节回答大家提出的问题、发表自己的意见。去年我就很想念他，更重要的是，显然你们也很想念他。我们的另外两位副主席阿吉特·贾因和格雷格·阿贝尔也会上台，回答提给他们的问题。

通过雅虎加入我们吧。把你们准备的最难的问题提给查理！到时候我们会很开心，希望你们也一样。

当然了，咱们能够面对面相见的那一天才是更美好的。我希望并期待能在2022年跟大家见面。奥巴哈的居民、我们参展的子公司以及总部的所有人员都迫切地希望能让你们回到真正的年会现场，伯克希尔风格的年会。

沃伦·巴菲特

董事会主席

2021年2月27日

2022 巴菲特致股东的信

伯克希尔股价表现vs.标普500指数

年度增长率%

年度	伯克希尔 每股市值	标普500指数 （含股息）
1965	49.5	10.0
1966	（3.4）	（11.7）
1967	13.3	30.9
1968	77.8	11.0
1969	19.4	（8.4）
1970	（4.6）	3.9
1971	80.5	14.6
1972	8.1	18.9
1973	（2.5）	（14.8）
1974	（48.7）	（26.4）
1975	2.5	37.2
1976	129.3	23.6
1977	46.8	（7.4）
1978	14.5	6.4
1979	102.5	18.2
1980	32.8	32.3
1981	31.8	（5.0）
1982	38.4	21.4
1983	69.0	22.4
1984	（2.7）	6.1
1985	93.7	31.6

续表

年度	伯克希尔每股市值	标普500指数（含股息）
1986	14.2	18.6
1987	4.6	5.1
1988	59.3	16.6
1989	84.6	31.7
1990	（23.1）	（3.1）
1991	35.6	30.5
1992	29.8	7.6
1993	38.9	10.1
1994	25.0	1.3
1995	57.4	37.6
1996	6.2	23.0
1997	34.9	33.4
1998	52.2	28.6
1999	（19.9）	21.0
2000	26.6	（9.1）
2001	6.5	（11.9）
2002	（3.8）	（22.1）
2003	15.8	28.7
2004	4.3	10.9
2005	0.8	4.9
2006	24.1	15.8
2007	28.7	5.5
2008	（31.8）	（37.0）
2009	2.7	26.5
2010	21.4	15.1
2011	（4.7）	2.1

续表

年度	伯克希尔 每股市值	标普500指数 （含股息）
2012	16.8	16.0
2013	32.7	32.4
2014	27.0	13.7
2015	（12.5）	1.4
2016	23.4	12.0
2017	21.9	21.8
2018	2.8	（4.4）
2019	11.0	31.5
2020	2.4	18.4
2021	29.6	28.7
年复合收益率（1965—2021）	20.1%	10.5%
总收益率（1964—2021）	3,641,613%	30,209%

注：表中所列为年度数据，但下述年度的数据较为特殊：1965年度和1966年度的数据均截至9月30日；1967年度截至12月31日，长度为15个月。

致伯克希尔·哈撒韦公司的股东们：

我和我的老搭档查理·芒格的职责，是管理您的部分积蓄。能得到您的信任，我们深感荣幸。

作为管理者，我们有责任向您报告公司的相关事宜，一如我们是虚位股东而您是管理者时我们所想知悉的那些事宜。我们很高兴通过这封年度信函以及年度股东大会与您直接交流。

我们的政策是平等对待所有股东。因此，我们不与分析师或大型机构举行讨论。此外，我们也尽可能在每周六早上发布重要信息，以便股东和媒体在周一股市开盘前拥有尽可能多的时间来消化这些信息。

伯克希尔·哈撒韦公司的大量事项和数据，均已在公司定期向美国证券交易委员会（SEC）提交的10-K年度财务报告中予以列出，我们也在K-1页至K-119页上进行了复制。有些股东觉得这些细节引人入胜，有些股东则更喜欢了解我和查理所认为的伯克希尔·哈撒韦公司最新的、激动人心的事项。

可惜的是，2021年度几乎没有这样的事项。不过，我们确实在提高您股票的内在价值方面取得了不错的进展。57年来，这项任务一直都是我的首要职责。今后也将如此。

你拥有什么

伯克希尔·哈撒韦公司拥有各种各样的企业，有些是全资控股企业，有些只是部分持股企业。部分持股企业主要由美国大公司的可交易普通股构成。此外，我们还拥有一些海外资产，并参与了几家合资企业以及其他类型的合作项目。

不管我们的企业所有权形式如何，我们的目标都是对拥有持久经济优势和一流CEO的企业进行有意义的投资。需要特别指出的是，我们持有的股票，是基于我们对企业长期业绩表现的预期，而不是因为我们将其视为短期市场盈利的工具。这一点非常关键：我和查理不是选股票，我们是选企业。

我犯过不少错误。因此，我们业务广泛的企业包括一些具有真正非凡经济地位的企业、众多具有良好经济特征的企业，以及少数处于边缘地位的企业。我们的普通股板块具有一大优势：偶尔容易以不错的价格买到非常优秀的企业。这种“守株待兔”的机会在谈判交易中是非常罕见的，也绝不会普遍存在。此外，如果在二级市场犯错，退出也要容易得多。

惊讶，惊讶

伯克希尔·哈撒韦公司的下述事实，即使是经验丰富的投资者也会为之感到惊讶。

很多人认为伯克希尔·哈撒韦是一个庞大且有些奇怪的金融

资产组合。事实上，伯克希尔·哈撒韦拥有和经营的美国“基础设施”资产——在我们的资产负债表上被归类为不动产、厂房和设备——比美国其他任何公司都要多。这种优势从来不是我们追求的目标。不过，这已经成为事实。

截至年底，这些国内基础设施资产在伯克希尔·哈撒韦的资产负债表上的价值为1,580亿美元。这一数字在去年有所增加，未来还将继续增加。伯克希尔·哈撒韦永远都在发展壮大。

伯克希尔·哈撒韦公司每年都要缴纳大量的联邦所得税。例如，2021年我们就缴纳了33亿美元，而美国财政部报告的当年企业所得税收入总额为4,020亿美元。此外，伯克希尔·哈撒韦还要支付大量的州税和海外税。完全可以这样说：伯克希尔股东们“坐在办公室里就在做贡献”。

伯克希尔·哈撒韦的历史生动地说明了美国政府和美国企业之间无形的、往往不被承认的金融合作关系。我们的传奇故事开始于1955年初，当时伯克希尔精纺公司和哈撒韦制造公司同意进行业务合并。在提交股东批准的申请书中，这两家历史悠久的新英格兰纺织公司表达了强烈的合并意愿。

例如，哈撒韦的招揽会向股东们保证：“资源和管理合而为一，将造就纺织行业最强大、最高效的组织之一。”这种乐观的观点得到了公司顾问雷曼兄弟公司的背书（没错，就是那个雷曼兄弟公司）。

我敢肯定，合并完成之日，在福尔里福（伯克希尔）和新贝德福德（哈撒韦），这都是一个令人愉快的日子。然而，当乐队停止演奏、银行家们回家后，股东们收获的却是一场灾难。

合并之后的9年时间里，伯克希尔·哈撒韦的股东们眼睁睁地看着公司的净资产从5,140万美元锐减至2,210万美元。这种资产大幅缩水，一定程度上是由股票回购、不当分红和工厂关闭造成的。数千名员工努力了9年，公司经营依然出现亏损。伯克希尔·哈撒韦当时所处的困境并不鲜见：新英格兰的纺织业已经悄无声息地进入了漫长而不可逆转的死亡之旅。

合并后的9年里，美国财政部也因伯克希尔·哈撒韦的困境而蒙受损失。在此期间，这家公司总共向政府缴纳了337,359美元的所得税——每天只合可怜的100美元。

1965年初，公司迎来转机。伯克希尔·哈撒韦任命了新的管理层，重新配置可用现金流，将几乎所有收益都投入到各种良好的业务中，其中大部分业务多年来一直运转良好。收益再投资与复利力量相结合，产生了神奇的效果，公司的股东们发了大财。

应该指出的是，伯克希尔·哈撒韦的股东们并非此次航向调整的唯一受益者。他们的“沉默的合作伙伴”（美国财政部）后续也从伯克希尔·哈撒韦公司收取了数百亿美元的所得税。还记得每天100美元吗？现在，伯克希尔·哈撒韦每天向美国财政部支付约900万美元。

公平地说，对于我们的政府合作伙伴，我们的股东应该承认——实际上应该大肆宣扬——伯克希尔·哈撒韦之所以能获得巨大繁荣，是因为公司在美国经营。没有伯克希尔，我们的国家在1965年以后的数年里依然会表现出色。然而，没有我们的美国家园，伯克希尔永远不会成为今天的样子。当你看到美国国旗时，请说声谢谢。

自1967年以860万美元的价格收购国民赔偿保险公司开始，伯克希尔·哈撒韦已经成为全球“浮存”（不属于我们但我们持有并可用于投资的资金）最多的保险公司。加上来自人寿保险的相对较小的浮存，伯克希尔·哈撒韦的总浮存已从我们进入保险业务时的1,900万美元增长到1,470亿美元。

到目前为止，这些浮存的成本可以忽略不计。虽然我们经历过好几年保险损失加运营费用超过保费的情况，但总体而言，我们有55年都从产生浮存的承保活动中获得了适度利润。同样重要的是，浮存极具黏性。我们的保险资金每天都在来回运转，但其总额不会出现急剧下降。因此，利用浮存进行投资时，我们可以从长远考虑。

如果你还不熟悉浮存的概念，我建议你参考A-5页的详细解释。令我惊讶的是，我们的保险浮存去年增加了90亿美元，这笔累积的价值对伯克希尔股东而言非常重要，但并没有反映在我们按照一般公认会计原则（GAAP）列出的收益和净值中。

我们在保险业板块创造了巨大价值，这在很大程度上要归功于伯克希尔·哈撒韦公司在1986年有幸聘用了阿吉特·贾因。我们第一次见面是在一个周六的早上，我迫不及待地问起阿吉特的保险从业经历。他回答：“没有。”

我说“人无完人”，然后就聘用了他。那天真是我的幸运日：聘用阿吉特实际上是我做出的最完美的选择。更棒的是，35年后的今天，他依然如此。

关于保险板块的最后一个想法：我认为，伯克希尔·哈撒韦的浮存很可能（但远非确定）能够在不造成长期承保损失的情况下得以维持。我可以肯定，某些年份我们会经历这种损失，而且涉及数额可能非常巨大。

伯克希尔·哈撒韦在应对灾难性事件方面的能力是其他保险公司所不具备的——我和查理离开后，这一优先地位仍将继续长期保持。

我们的“四巨头”

通过伯克希尔·哈撒韦公司，我们的股东拥有数十家企业。其中一些公司又拥有自己的系列子公司。例如，美联集团拥有100多个独立运营的业务，包括铁路车皮租赁和医疗设备制造。

尽管如此，我们“四巨头”运营的业务占了伯克希尔价值的很大一部分。冠军巨头是我们的保险公司集团。伯克希尔·哈撒韦实际上拥有该集团100%的股份（我们之前描述过该集团庞大的浮存）。我们为支持这些保险公司的承诺而投入的巨额资金，进一步扩大了这些保险公司的投资资产。

保险业务是为伯克希尔·哈撒韦量身定做的。保险产品永远不会过时，保单销量通常会随着经济增长和通货膨胀而增加。此外，诚信和资本永远都重要。我们的公司能够而且一定会保持良好运营。

当然，其他保险公司也拥有出色的商业模式和前景，但要复制伯克希尔·哈撒韦的经营模式几乎是不可能的。

按年底市值衡量，苹果公司是我们的亚军巨头。我们对苹果公司的持有方式有所不同，持股比例仅为5.55%，高于上年的5.39%。这个增幅看似小菜一碟，但想想，苹果公司2021年的收益中每0.1%的持股即为1亿美元。我们并没有花费伯克希尔·哈撒韦的资金进行增持，苹果公司的回购帮我们做到了这一点。

要知道，只有苹果公司的股息被计入伯克希尔GAAP收益报告——去年，苹果公司向我们支付了7.85亿美元股息。然而，按照我们在苹果公司的持股份额，我们获得的利润高达56亿美元。该公司保留了大部分利润用于回购苹果股票，我们对此表示赞赏。苹果公司才华横溢的首席执行官蒂姆·库克将苹果产品用户视为自己的初恋，这无可厚非，但蒂姆的其他支持者也同样受益于他的这种管理风格。

伯灵顿北方圣太菲铁路运输公司（BNSF）是我们的第三大巨头，依然是美国商业的头号大动脉，成为美国和伯克希尔不可或缺的资产。如果其运输的众多必需商品改用卡车运输，美国的碳排放量将大幅飙升。

2021年，BNSF的收益达到了创纪录的60亿美元。需要指出的是，我们所谈论的收益，是我们喜欢的老式算法：扣除利息、税收、折旧、摊销及各种形式的计提后所得的数字。（这种算法也发出了一个警告：随着股市上涨，对收益的欺骗性“调整”——礼貌的说法——愈加频繁、脱离实际。说难听点，牛市催生了财务造假……）

去年，BNSF的火车行驶总里程高达1.43亿英里，运送货物总计5.35亿吨。这两项成就均远超美国其他任何铁路公司。您可以为您的铁路公司感到骄傲。

伯克希尔·哈撒韦能源公司（BHE）是我们的第四大巨头，2021年的收益高达创纪录的40亿美元，比2000年伯克希尔首次收购BHE股份时的1.22亿美元利润增长了30多倍。现在，伯克希尔·哈撒韦持有该公司91.1%的股份。

BHE的社会成就与它的财务业绩一样令人瞩目。该公司在2000年还没有风能或太阳能发电业务。当时，它只被认为是美国庞大的电力公用事业行业中一个规模较小的新参与者。随后，在大卫·索科尔（David Sokol）和格雷格·阿贝尔的领导下，BHE成为一家公用事业公司（请不要抱怨），成长为美国的风能、太阳能和输电领域的领军企业。

格雷格关于上述成就的报告记录于A–3和A–4页。你会发现该报告绝非时下流行的那种虚假环保宣传和粉饰行为的“漂绿”故事。自2007年开始，BHE每年都如实反应其在可再生能源和输电方面的计划和业绩。

要想进一步查看这些信息，请访问BHE官网brkenergy.com。你会看到BHE长期致力于实施应对气候变化的举措；这些举措虽然耗尽了该公司的所有收益，但更多的机会就在前方。BHE拥有良好的管理、经验、资本和“胃口”，可以满足美国对大型电力项目的需求。

投资

现在来谈谈我们没有控股的那些公司，包括下表中再次提及的苹果公司。下表列出了我们持仓市值最大的15只股票，其中几只股票由伯克希尔·哈撒韦公司的两位长期投资经理托德·库姆斯（Todd Combs）和泰德·韦施勒（Ted Weschler）选择。2021年底，这对明星投资经理对340亿美元的投资资金拥有绝对管理权，其中许多投资因没有达到此表的门槛市值而未能列出。此外，托德和泰德管理的相当大一部分资金都存放在伯克希尔旗下企业的各种养老金计划中，这些计划的资产也未列入此表。

2021年12月31日

持股数量*	公司名称	伯克希尔所持股份比例	成本**	市值
			（单位：百万美元）	
151,610,700	美国运通	19.9	1,287	24,804
907,559,761	苹果公司	5.6	31,089	161,155
1,032,852,006	美国银行	12.8	14,631	45,952
66,835,615	纽约梅隆银行	8.3	2,918	3,882

续表

持股数量*	公司名称	伯克希尔所持股份比例	成本**	市值
			（单位：百万美元）	
5,213,461	特许通信	2.2	643	2,496
38,245,036	雪佛龙	2.0	3,420	4,488
400,000,000	可口可乐	9.2	1,299	23,684
52,975,000	通用汽车	3.6	1,616	3,106
89,241,000	伊藤忠商事株式会社	5.6	2,099	2,728
81,714,800	三菱商事株式会社	5.5	2,102	2,593
93,776,200	三井物产株式会社	5.7	1,621	2,219
24,669,778	穆迪公司	13.3	248	9,636
143,456,055	美国合众银行	9.7	5,384	8,058
158,824,575	威瑞森电信	3.8	9,387	8,253
	其他***		26,629	39,972
	以市值计算的股本投资总额		104,605	350,719

*这是我们的实际购买价格和课税基础。

**由BHE持有，因而伯克希尔股东仅持有该头寸91.1%的权益。

***包括对美国西方石油公司100亿美元的投资，由优先股和购买普通股的认股权证组成，这一组合现在价值107亿美元。

除了注释中的美国西方石油持股及各种普通股头寸，伯克希尔·哈撒韦公司还拥有卡夫亨氏26.6%的权益（采用“股权”法计算，并非市值，价值为131亿美元），以及旅游中心龙头企业、去年营收为450亿美元的Pilot公司38.6%的权益。

自2017年购买Pilot公司股份以来，我们的这部分持股一直采用“股权”会计处理。伯克希尔·哈撒韦将于2023年初购买Pilot公司的额外权益，这将使我们的所有权占比提高至80%，并在我们的财务报表中完全整合Pilot公司的收益、资产和负债。

美国国库券

伯克希尔·哈撒韦的资产负债表包括1,440亿美元的现金及现金等价物（不包含BNSF和BHE的持股）。其中，1,200亿美元为美国国库券，全部在不到一年期内到期。这使伯克希尔购买了约0.5%的美国公众持有国债。

我和查理承诺过，伯克希尔·哈撒韦（以及除BNSF和BHE以外的子公司）将永远持有超过300亿美元的现金及现金等价物。我们希望您的公司在财务上坚不可摧，永远不倚靠陌生人（甚至是朋友）的善意。我俩都喜欢睡个好觉，也希望我们的债权人、保险索赔人和您（股东）也能安心睡大觉。

可那1,440亿美元呢？

我向您保证，保留这笔巨款并不是某种疯狂爱国主义的体现。我和查理也没有失去对企业所有权的压倒性偏好。事实上，我第一次表现出这种偏好热情是在80年前的1942年3月11日，当时我购买了3股城市服务公司的优先股，其成本是114.75美元，花掉了我所有的积蓄。（道琼斯工业平均指数当天收于99点，这一事实应该让你尖叫：永远不要做空美国。）

虽然经历过初期的亏损，但我总是将我至少80%的净资产放在股票上。那时我最喜爱的状态是100%投入——现在依然如此。目前，伯克希尔在企业投资中保持80%左右的头寸，是因为我未能找到符合我们长期持有标准的整个公司或公司的一部分（即流通股）。

我和查理过去时常有现金过分充裕的情况。这种情况让人不太开心，也不会持续存在。幸运的是，在2020—2021年，我们找到了稍有吸引力的替代方案来部署资金。请继续往后读。

股票回购

我们有三种方式来提高您的投资的价值。我们首先想到的始终是第一种方式：通过内部增长或收购来提高伯克希尔控股企业的长期盈利能力。如今，内部机会带来的回报远远高于收购。不过，较之于伯克希尔·哈撒韦的资源，这些机会显得微不足道。

我们的第二种选择，是购买众多优质或优秀企业公开交易的、非控股性的部分权益。这种机会有时很多，而且极具吸引力。不过，我们今天几乎没有发现让人兴奋的机会。

这在很大程度上归因于不言而喻的真理：长期低利率会推高所有生产性投资的价格，包括股票、公寓、农场、油井等。其他因素也会影响估值，但利率始终都是很重要的影响因素。

创造价值的最后一种路径是：回购伯克希尔股票。这个操作虽然很简单，但可以增加您在伯克希尔拥有的许多控股和非控股企业的份额。当价格/价值相等时，这一路径是增加财富的最简单、最确定的方式。（除了为持续持股股东增加价值外，还有两方也会从中受益：卖方和社会。）

周期性地看，随着替代路径失去吸引力，股票回购对伯克希尔的股东来说是非常合理的选择。因此，过去两年间，我们回购了2019年底在外流通股的9%，总成本为517亿美元。这笔支出使我们的股东对伯克希尔企业的所有权增加了约10%，不管是全资控股企业（如BNSF和政府雇员保险公司）还是部分拥有企业（如可口可乐和穆迪）。

我想强调的是，为了使伯克希尔的回购有意义，我们的股票必须具有合理的价值。我们不想为其他公司的股票多付钱，同样，如果我们在回购伯克希尔股票时多付钱，那也是价值损失。自去年底至2022年2月23日，我们以12亿美元的成本回购了额外的股票。我们的胃口仍然很大，但始终取决于价格。

应指出的是，伯克希尔的股票大多被一流投资者持有，因而回购机会有限。如果我们的股票被短期投机者大量持有，那价格波动和交易量都将大幅增加。这一变化将为我们提供更大的、通过回购来创造价值的机会。尽管如此，我和查理更喜欢伯克希尔·哈撒韦现有的投资者，尽管他们令人钦佩的购买并持有的态度限制了长期股东从投机者手中回购股票获利的机会。

最后，还有一个容易被忽视的、伯克希尔特有的价值计算：正如我们前面所讨论的，正确的保险浮存对我们具有巨大的价值。碰巧，回购会自动增加每股浮存金额。这一金额在过去两年中增加了25% ——伯克希尔“A”股每股从79,387美元增加至99,497美元，这笔重大收益都归功于股票回购。

一个卓越的人、一家卓越的企业

去年，保罗·安德鲁斯（Paul Andrews）去世了。他是伯克希尔·哈撒韦子公司、总部位于沃斯堡的TTI的创始人和首席执行官。在保罗的一生中——无论是他的企业还是个人追求——他都默默展现了我和查理钦佩的所有品质。他的故事应当流传。

1971年，保罗在通用动力公司担任采购代理时，大祸从天而降。在失去一份巨额国防合同后，该公司解雇了数千名员工，其中就包括保罗。

保罗的第一个孩子即将出生，他决定赌一把，用自己的500美元积蓄创立了Tex-Tronics公司（后更名为TTI）。公司的定位是分销小型电子元件，第一年的销售额总计为112,000美元。如今，TTI销售100多万种不同的产品，年销售额高达77亿美元。

2006年，63岁的保罗发现自己对家人、工作和同事都很满意，但有一个挥之不去的担忧，那就是他不久前目睹了一个朋友的早逝以及随之带给其家庭和企业的灾难性后果。保罗问自己：如果我意外死亡，那么多依靠自己的人该怎么办？

整整一年时间里，保罗一直都在选择中挣扎。卖给竞争对手？从严格的经济学角度来看，这样做最为合理。毕竟，竞争对手可以带来盈利“协同效应”——收购方削减TTI公司的重复部门，成本就会降低。

收购方最可能会保留TTI公司的首席财务官、法律顾问和人力资源部，但其他同事将面临裁员。呃！如果需要一个新的配送中心，收购方公司所在地肯定会比沃斯堡更受青睐。

不管经济利益如何，保罗很快得出结论：他不能把公司卖给竞争对手。接下来，他考虑找一个金融买家——这些买家曾被贴上杠杆收购公司的标签（也的确如此）。然而，保罗清楚，金融买家只会关心“退出策略”。谁知道那会怎样？经过深思熟虑，保罗发现自己不想将自己35年打拼的成果交给一个转售商。

见到我时，保罗解释了他排除这两种收购方案的原因。然后，他总结了自己的困境，用比这委婉得多的措词说道：“经过对这些方案一年的思考，我想卖给伯克希尔，因为你是剩下的唯一符合标准的家伙。”于是，我出了个价，保罗说：“可以。”一次会谈，一顿午餐，一笔交易就这样达成。

说从此大家都过上了幸福的生活，这还都显得低调。伯克希尔·哈撒韦收购TTI时，该公司的雇员为2,387人。现在，雇员人数达到了8,043人。增加的雇员很大一部分位于沃斯堡及其周边地区。公司的收益增长了673%。

每年，我都会打电话给保罗，告诉他他的薪水应该大幅增加。每年，他都会告诉我：“沃伦，我们明年再谈这个问题吧，我现在太忙了。”

我和格雷格·阿贝尔去参加保罗的追悼会时，我们见到了他的孩子们、孙子们、公司的老同事（包括TTI的第一位雇员）和约翰·罗奇（John Roach）——他是伯克希尔·哈撒韦2000年收购的一家沃斯堡公司的前任首席执行官。约翰把他的朋友保罗带到了奥马哈，本能地知道我们一定会谈成。

追悼会上，我和格雷格听闻保罗默默资助过很多人和机构。他的慷慨令人钦佩，他总是希望能改善其他人，特别是生活在沃斯堡的人们的生活。

无论从哪方面看，保罗都是一个出类拔萃的人。

****

好运气——有时是绝佳的运气——在伯克希尔·哈撒韦发挥了作用。如果保罗和我没有共同的朋友约翰·罗奇，TTI就不会成为伯克希尔大家庭的一员。但这场好运才只是开始。TTI很快将引领伯克希尔·哈撒韦完成其最重要的收购。

每年秋天，伯克希尔·哈撒韦公司的董事们都会聚在一起，参加我们几位高管的演讲。我们有时会根据最近收购公司的所在地来选择聚会地点，借此让董事们见见新子公司的首席执行官、更多地了解被收购方的经营活动。

于是，2009年秋天，我们选择了沃斯堡，便于访问TTI。当时，伯克希尔持股第三的BNSF也在沃斯堡。尽管赌注很大，但我从未访问过BNSF的总部。

我的助理黛比·博桑尼克将董事会开幕晚宴安排在10月22日。同时，我设法当天早些时候到达，与BNSF首席执行官马特·罗斯（Matt Rose）会面，我一直钦佩他的成就。确定日期时，我完全不知道我们的聚会时间与BNSF第三季度收益报告的发布时间恰好重合（收益报告于22日晚发布）。

市场对BNSF的业绩反应不佳。大萧条在第三季度全面爆发，BNSF的收益反映了经济市场的这种低迷。经济前景也十分黯淡，华尔街对铁路和其他诸多方面都感到悲观。

第二天，我再次与马特相聚，并建议说：伯克希尔·哈撒韦可以为BNSF提供一个比上市公司预期的更好的长远之家。我还告诉他，伯克希尔·哈撒韦愿意支付的最高价格。

马特将这一提议转达给了公司董事和顾问。经过11天的忙碌后，伯克希尔和BNSF宣布达成交易。在此，我想大胆地做个罕见预测：一个世纪后，BNSF将成为美国和伯克希尔的关键资产。

如果保罗·安德鲁斯没有将伯克希尔·哈撒韦视为TTI的合适买家，BNSF的收购就不会随之而来。

致谢

70年前，我教了第一堂投资课。从那时起，几乎每年我都喜欢与各个年龄段的学生一起教学，直至2018年教学“退休”。

这期间，最麻烦的听众当属我孙子的五年级同学们。这些11岁的孩子在座位上蠕动着，茫然地盯着我，直到我提到可口可乐及其著名的秘密配方。转瞬之间，所有的孩子都在举手，我明白了：“秘密”就是孩子们的“猫薄荷”。

教学犹如写作，可以帮助我发展和理清自己的想法。查理称这种现象为猩猩效应：如果你和一只猩猩坐下来，仔细地向它解释你的宝贵想法，你可能会让它很困惑，但你自己的想法会变得更清晰。

与大学生交流则要棒得多。我竭力劝他们：如果不需要钱，那就（1）选择求职领域；（2）选择共事者。我承认，经济现实可能会干扰这种选择。即便如此，我仍然力劝大学生们永远不要放弃这种追求，因为一旦找到那种工作，他们将不再“工作”。

我和查理经受几次早期挫折后，便开启了解放之路。我俩都曾在我祖父的杂货店兼职，查理是1940年开始，而我是1942年开始。我们都被分配了无聊的工作任务，报酬很少，这绝对不是我们想要的。后来，查理从事法律工作，我则试着销售证券。工作依然令人不够满意，我们陷入了迷茫。

最后，我们在伯克希尔·哈撒韦找到了喜欢做的事情。现在，除了极少数的例外，我们已经与我们喜欢和信任的人“合作”了几十年。与保罗·安德鲁斯及我去年提过的伯克希尔家族这样优秀的经理人共事，就是生活的快乐所在。在我们的总部办公室，我们的员工都是诚实正直、才华横溢的人——没有浑蛋。每年大概只有一人离职。

不过，我还想强调：要让工作变得快乐和满足，就要为你自己工作。对我和查理来说，最有意义的事情，莫过于得到个人长期股东的信任。几十年来，他们加入我们，期望我们成为其资金的可靠托管人。

显然，我们无法选择我们的股东，但如果运营形式是合作伙伴关系，我们就可以选择股东。今天，任何人都可以购买伯克希尔股票，并打算很快转售。可以肯定的是，我们确实有少数这样的股东，正如我们也有大量指数基金持有伯克希尔股份一样，因为他们被要求这么做。

伯克希尔·哈撒韦拥有一支非常庞大的个人和机构股东，他们选择加入我们，抱着“至死不渝”的信念，到了非同寻常的程度。他们信任我们，将他们的很大一部分积蓄——有些人会说是多余的积蓄——托付给我们管理。

这些股东有时会承认，伯克希尔可能远非他们能做出的最佳选择，但他们会补充说，伯克希尔在他们满意度排名中很高。一般而言，相比于那些被千变万化的头条新闻、概念和承诺所激励的人，对自己的投资感到满意的人会获得更好的收益。

个人长期股东既是我和查理一直寻求的“合作伙伴”，也是我们在伯克希尔·哈撒韦做决策时心里所想着的人。对于你们，我俩要说：“为你们‘工作’感觉很好，感谢你们的信任。”

年度股东大会

请您做好日程安排！伯克希尔·哈撒韦将于4月29日（星期五）至5月1日（星期日）在奥马哈举行年度股东大会。大会的详细信息列于A-1页和A-2页。奥马哈热切地期盼您的到来，我也是。

我将以推销词来结束这封信。“堂弟”吉米·巴菲特（Jimmy Buffett）设计了一款浮桥式“派对”船，正由伯克希尔子公司森林河公司负责制造。该船将于4月29日在伯克希尔股东大会“特价集市”上推出。股东购买吉米的杰作，可享有10%的折扣，为期仅有两天。你们这位喜欢逢低买入的主席将买一艘供家人使用。一起来买吧！

沃伦·巴菲特

董事会主席

2022年2月26日